拉姆·查兰
管理经典

[美] 拉姆·查兰 著
(Ram Charan)

徐中 杨懿梅 ◎ 译

高管路径
卓越领导者的成长模式

Leaders at All Levels

Deepening Your Talent Pool to Solve
the Succession Crisis

图书在版编目（CIP）数据

高管路径：卓越领导者的成长模式／（美）拉姆·查兰（Ram Charan）著；徐中，杨懿梅译.—北京：机械工业出版社，2016.8（2023.12重印）

（拉姆·查兰管理经典）

书名原文：Leaders at All Levels: Deepening Your Talent Pool to Solve the Succession Crisis

ISBN 978-7-111-54435-7

I.高… II.①拉… ②徐… ③杨… III.企业领导学 IV.F272.91

中国版本图书馆CIP数据核字（2016）第169314号

北京市版权局著作权合同登记　图字：01-2010-5858号。

Ram Charan. Leaders at All Levels: Deepening Your Talent Pool to Solve the Succession Crisis.

Copyright © 2008 by John Wiley & Sons, Inc.

This translation published under license. Simplified Chinese Translation Copyright © 2016 by China Machine Press.

No part of this book may be reproduced or transmitted in any form or by any means, electronic or mechanical, including photocopying, recording or any information storage and retrieval system, without permission, in writing, from the publisher. This edition is authorized for sale in the Chinese mainland (excluding Hong Kong SAR, Macao SAR and Taiwan).

All rights reserved.

本书中文简体字版由John Wiley & Sons公司授权机械工业出版社在中国大陆地区（不包括香港、澳门特别行政区及台湾地区）出版发行。未经出版者书面许可，不得以任何方式抄袭、复制或节录本书中的任何部分。

本书封底贴有John Wiley & Sons公司防伪标签，无标签者不得销售。

高管路径：卓越领导者的成长模式

出版发行：机械工业出版社（北京市西城区百万庄大街22号　邮政编码：100037）
责任编辑：程　琨　白春玲
责任校对：殷　虹
印　　刷：涿州市京南印刷厂
版　　次：2023年12月第1版第9次印刷
开　　本：147mm×210mm　1/32
印　　张：6.875
书　　号：ISBN 978-7-111-54435-7
定　　价：59.00元

客服电话：（010）88361066　68326294

版权所有·侵权必究
封底无防伪标均为盗版

THE TRANSLATOR'S WORDS
译者序

走出舒适区
"轮岗"历练高管的全方位领导力

2011年,《高管路径》中文版上市,受到很多组织的青睐,大家发现,在党政机关和大型企业,省部级高级领导人和企业高管的成长路径与本书提出的"轮岗培养模式"颇为相似。高级领导的成长一般都要经过5个左右的岗位历练,在不同环境和挑战中锤炼其意志、品质与能力。领导力的发展既取决于个人的奋斗和悟性,更取决于组织提供的挑战性岗位和建设性反馈,本书最大的价值是基于对通用电气等世界级企业长期、深入的观察研究,总结出了一套比较科学、流程化的操作模式,易于学习与实践。

所谓"十年树木,百年树人",在大企业,从员工到高管通常需要20年左右;在创业企业,虽然很多创业者一开始工作就是CEO,但要成为胜任的CEO,还需要1万小时的历练。

大量研究表明，时间积累仅仅是领导人才成长的一个维度，挑战性岗位和环境（或者"熔炉"）才决定了领导力历练的含金量。

关于企业发展中的人才培养，华为公司总裁任正非的一段讲话颇具启发性。1998年，在谈《华为基本法》时，他回顾10年创业感慨道："华为第一次创业的特点，是靠企业家行为，为了抓住机会，不顾手中资源，奋力牵引，凭借第一代和第二代创业者的艰苦奋斗、远见卓识、超人的胆略，使公司从小发展到初具规模。第二次创业的目标就是可持续发展，要用10年时间使各项工作与国际接轨。它的特点是要淡化企业家的个人色彩，强化职业化管理。把个人魅力、牵引精神、个人推动力变成一种氛围，使它形成一个场，以推动和导向企业的正确发展。"任正非及早认识到了各级领导人才培养的极端重要性，果断采取非常措施，打造了华为持续高速增长的人才梯队，率领华为走在了世界的前列。

本书是由管理大师拉姆·查兰从通用电气、高露洁、诺华集团、德事隆等世界级企业的领导人才培养成功模式中提炼而来，特别注重高级管理人员和CEO的选拔和轮岗历练，具有很强的系统性、实践性和操作性，其要点如下：

"**轮岗培养模式**"是一种为有领导潜质的人才提供量身定制培养路径的培养方法，通过**岗位轮换、领导反馈、自我修正和重复实践**来提升其领导力，帮助有领导潜质的人才"从干中学"和快速成长。在确保他掌握必备的领导技能之后，才让他迈向下一个新的领导岗位。采用这种模式，可以帮助有潜质的领导人才在令人意想不到的短时间内把他们的核心领导能力提升到炉火纯青的境界。

"轮岗培养新模式"使得领导人才培养流程更具**战略化、制度化、系统化、流程化、定量化、标准化、精细化，减少了人为的随机性和不确定性**，提高了领导人才培养的效率和成功率。

"轮岗培养模式"的主要特点是：面向未来、立足现在、精心规划、建立标准、及早识别、全程管理、重点培养、量身定制、轮岗轮换、上级辅导、精心反馈、关键突破、全面发展。

"轮岗培养模式"的核心理念是"**同心圆学习模式**"（concentric learning）。我们可以把有潜质的领导人才的职业发展看成是一系列同心圆：圆心代表该领导人才的禀赋及才能，同心圆代表工作岗位，从内到外的一系列同心圆代表入职后的第一个岗位到之后广度及难度不断递增的多个工作岗位。如果领导人才能战胜挑战，在现有岗位上脱颖而出，说明他已经做好准备，迎接下一个广度及难度更大的工作挑战。

"持续强化练习"与《1万小时天才理论》研究成果不谋而合，是领导人才成长的另一个重要概念。卓越的领导者就如同体育艺术及其他领域的高手一样，靠的是长期坚持不懈的强化练习，即自身的努力反复练习，加上高人的及时反馈和明确指点，以及自我的虚心改进和不断完善。简而言之，"持续强化练习"就是**反馈加改进的练习模式**，这就是商业领导人才自我修炼，提升领导力及判断力的秘诀。有时他们自己都没有意识到，他们长期坚持练习的动力源于他们不懈的追求和坚强的毅力。

最具潜质的高层领导接班人往往具备所谓的"**首席执行官基因**"：一是超常的直觉及表达能力，能够敏锐地把握公司业务全貌，并用最浅显易懂的语言表述出来；二是出众的为人之道，能够团结协作，激励员工努力向前；三是卓越的思考能力，能够从宏观视野及不同角度深刻洞察看似模糊多变且无法量化的复杂局面，并理清头绪，找到解决方案。

尽早识别出有领导潜质的人才，提早培养是关键。在大企业，从刚进公司的新人成长为高层领导，大约需要25年。在成为首席执行官人选之前，高层领导平均在5个不同岗位上工作过。因此，大部分高层领导的年龄都在50岁左右。越早发掘出真正具有潜质的"千里马"，就能越早开始考察及培养。

21世纪领导者的主要能力特征是：高成就动机与自我激励、崇尚团队协作与激励他人、善于识别机会与风险、具备见微知著的战略洞察力、勇于创新与变革、擅长识人用人育人、善于学习与不断进取、乐于接受新的挑战、能够有效协调各利益相关者。

此外，拉姆·查兰精心挑选的通用电气、高露洁、诺华集团、德事隆等世界级的企业案例与每一章节的内容密切相关，可读性高，充分展现了"轮岗培养模式"的独特效果。

发现和翻译本书是一种缘分。2010年5月，我去芝加哥参加

ASTD（美国培训与发展年会），习惯性地来到了市中心的"华丽一英里"商业区书店，偶然发现管理咨询大师拉姆·查兰的新著《高管路径》和《领导梯队》⊖两本书，顿觉眼前一亮，这正是我多年来在为企业提供高管培训的过程中最需要的体系性指南。回国后，我立即推荐给了成功运作拉姆·查兰《执行》⊜一书的机械工业出版社，他们高度重视，希望把这本书做成《执行》第二，并委托我们翻译该书。

本书的顺利出版是团队协作的结晶。感谢机械工业出版社的编辑的精心策划和组织。

本书的第 1～4 章由杨懿梅女士翻译，她作为清华大学外语系高才生和哈佛商学院 MBA，曾多年供职于世界知名咨询公司和投资机构，她的眼界、阅历和智慧对本书的贡献无疑是巨大的，使得本书的翻译得到了出版社的好评；本人负责了第 5～8 章的翻译和统稿。由于译者水平有限，错误在所难免，敬请读者批评指正。

徐中

领越®领导力高级认证导师

学堂在线中国创业学院频道主任

北京创一教育科技有限公司总裁

⊖⊜ 此书中文版已由机械工业出版社出版。

PREFACE
前 言

培养高层领导，要从基础抓起

"危机"这个词可能已被滥用，但用来描述当今公司的领导力现状还是比较贴切的。如今，首席执行官失败的速度比以往更快，跌得比以往更重，之后留下一个混乱不堪的公司，而且，在公司的所有层级，都缺乏足够数量的合格领导者。

世上并不缺少千里马。如果公司知道如何识别和培养真正具有领导潜质的人才，它们就能够在各个层级填补领导梯队的缺口。很多公司在人才选拔和培养方面投入了大量的资源和精力，但是它们却没有做到这一点。

正如漏洞第一定律所述：身处漏洞时，挖掘无益。现在是放弃传统的领导人才培养模式的时候了，因为这些模式不再适用。仅仅对细枝末节进行修修补补解决不了根本问题，必须采用一种全新的识别和培养领导人才的方法，这就是本书介绍的一种新模式：帮助公司再造其领导人才培养流程,并为领导人才的职业发展提供指南。

要解决问题,就得追本溯源。真正的问题在于:公司对于什么是领导力,以及如何培养领导力存在错误认识。在过去的几十年里,通过观察很多公司领导力培养的成功经验和失败教训,我得出如下结论。

- 并非每个人都能成为领导者。领导者和其他人的差异不是教科书上能说清楚的,比如,领导者的特征是最聪明、最敏捷、表现最好等。这些特征对于识别领导潜质没有帮助,我们必须停止使用这些选拔标准。领导者的思维和行动异于常人,一旦我们知道他们的特征,就可以识别他们。

- 领导力是通过不断实践和自我完善培养出来的。要培养领导者必须开发这种潜质,让他们在每个新的岗位锻炼核心能力(或技能)、获得新的能力,并从上级领导那里获得及时、准确的反馈意见和指导。只有这样,他们的领导能力(或技能)才能得以加速成长。反复历练他们的核心能力有助于提升他们的判断力,并使他们创新领导方式,形成自己的风格。

- 首席执行官岗位要求他在学习方面有巨大的飞跃。只有给这些有领导潜力的人才的每个新岗位都比之前的岗位更具挑战性,才能够磨炼出领导大公司所必备的领导能力。领导者必须在其成长的每个阶段接受新的挑战,学会从复杂的形势中理出头绪、应对挑战。

尽早发现有领导潜质的人才，把他们放到能够历练的岗位上快速成长是领导力培养的基本原则。这种领导力培养模式不再由人力资源部门主导，而是与整个公司的日常经营活动结合起来，基层领导者在潜力领导人才的发现和培养中扮演着重要角色。

我把这种新的培养模式称之为"轮岗培养模式"（appernticeship model）。这种模式听起来似乎和公司运营存在矛盾，但其实不然。"轮岗培养模式"指的是通过岗位轮换，帮助有领导潜质的人才"从干中学"和快速成长，通过岗位锻炼、领导反馈、自我修正和重复实践来提升其领导力。这种模式为每位有领导潜质的人才提供量身定制的培养路径，明确每个岗位给他带来的价值，并且确保他掌握必备的领导技能之后，才让他迈向下一个新的领导岗位。采用这种模式，可以帮助有领导潜质的人才在令人意想不到的短时间内把他们的核心领导能力提升到炉火纯青的境界。

公司必须第一时间识别出一个领导人才的潜力何在，而这往往是从他入职的第一年就开始了。任何具有领导潜质的人才都可能是"未来高层领导的接班人"，但一个公司最重要的是建立一个能够从中产生未来首席执行官的人才库。成功的接班流程必须包含一个明确的部分，就是尽早发现能够成为未来首席执行官的人选，针对他们的个人天赋和这个最具挑战性职务的要求，为他们设计一条量身定制的工作、培训和发展路径。

"轮岗培养模式"赋予基层领导者巨大的责任，他们的重要职责之一就是发现和培养未来的领导者，这和他们负责的战略、财务、营销等工作一样重要。但是，培养领导者不仅仅是他们的工作，而且是全公司的"重中之重"。全公司都要为他们创造机会，提供历练他们的岗位，提出恰当的建议，铲除影响他们成长的障碍，帮助他们持续成长。

这种培养模式看起来很激进，企业领导人必须有魄力才能推行。它要求采用完全不同的态度和思维，并要求进行组织变革，而且还必须清楚，对有领导潜质的人才进行培养，其结果不会立即见效。这种方法确实非常有效，它是基于我几十年来对数百家公司的观察研究。这些公司包括美国及世界其他地区的小型科技公司和大型跨国公司（比如通用电气、高露洁等）。在领导人才培养方面投入巨大精力是否值得呢？毫无疑问，采用轮岗培养模式的公司已经建立起了强大的领导人才培养引擎，这为公司带来了强大的竞争优势。

本书将提供具体的建议和真实的案例帮助公司实现这种高层领导培养模式的变革。我们将清楚地阐述"轮岗培养模式"的流程及方法。这些正是通用电气和高露洁已经成功运用过，以及诺华集团、德事隆、伟彭医疗正在实施的方法。本书也为胸怀大志的领导者提升其领导力提供了一个指南。勇于大胆采用这种模式的高层领导者，将会为公司创造出能够持续强化各级领导能力的系统和文化，并为自己卸任交班做好充分的准备。这将是他们留给公司的一份持久的遗产。

公司的目的是赚钱，但钱不能使公司创造差异。所谓"千金易得，一将难求"，领导力才是真正使公司与众不同，并创造价值的关键所在。

CONTENTS
目录

译者序

前言

第 1 章　培养高层领导人才需要新方法　// 001

领导人才培养问题突出　// 006

如何培养领导人才：一个成功案例的启示　// 011

培养领导人才不能听天由命　// 021

领导人才培养模式需要彻底改变　// 024

第 2 章　高层领导的轮岗培养新模式　// 028

尽早发掘"千里马"　// 031

轮岗培养模式加速领导人才成长　// 033

上级领导担任导师　// 034

实施轮岗模式的挑战　// 036

选择首席执行官接班人　// 041

轮岗培养模式为何有效：同心圆学习模式与持续强化练习　// 043

第 3 章　如何选拔高层领导　// 051

关注两项重要的领导潜质　// 057

打造公司独特的"DNA"：领导人才基因　// 069

培养领导人才不能凭运气　// 077

第 4 章　如何培养高层领导　// 079

要敢于破格提拔　// 082

量身定制成长路径　// 088

清除成长中的障碍　// 096

宽容失败　// 100

第 5 章　上级领导的关键作用　// 103

作为导师的上级领导：辅导关键点　// 105

精心反馈促成长　// 112

持续跟踪，反复评估　// 119

客观评估的方法：集体讨论　// 123

精简评估结果：一页人才评估表　// 127

绘制领导人才成长路径图　// 130

第 6 章　领导人才培养体系建设　// 135

"轮岗培养模式"流程与方法：高露洁案例　// 135

领导人才库建设要点　// 147

第 7 章　如何选拔首席执行官　// 149

选拔首席执行官的三项基本原则　// 149

选拔首席执行官的流程：美国蓝十字蓝盾医保联合会案例 // 155

确定首席执行官任职资格 // 164

及早识别出候选人 // 168

把握契合度：谁最合适 // 173

帮助新任首席执行官获得成功 // 178

落选者的归宿 // 180

第8章 领导人才培养最佳实践：德事隆集团 // 183

把领导力发展和接班人培养视为优先重点 // 185

让领导力发展和接班人培养无缝衔接 // 187

排除领导力发展的障碍 // 190

未来的工作 // 192

结语 有领导潜质的人才该如何把握机遇 // 195

附录 轮岗培养模式的重要基石：个人层面与公司层面 // 201

第1章

培养高层领导人才需要新方法

2004年,国际药业巨头诺华集团的首席执行官丹尼尔·魏思乐在规划公司未来发展远景时得出结论:公司持续成长和实现卓越绩效目标在很大程度上依赖于公司的人才,特别是各级领导人才。他精辟地指出,"更好的人才创造更好的结果"。他和诺华集团的人力资源部门负责人通力合作,创造出了全新的流程、系统和项目,为领导人才库的建立奠定了坚实的基础。

很快,领导人才培养决定着诺华集团未来的前景,成了全体诺华人的共识。诺华集团的每个部门都针对自身面临的独特挑战,量身定制了领导力培养方案。例如,诺华旗下的山德士(Sandoz)事业部于2005年收购了德国赫素制药公司(Hexal)及美国永世实验室(Econ Labs),并组建诺华非专利药公司(Novartis Generics)。该公司组建了核心管理团队,帮助诺华成功进军竞争激烈的非专利药市场，并打造了能够快速推出大量非专利药产品的强大能力。诺华集团于2006年收购巨浪生物科技公司（Chiron Corporation）之后，成立了诺华疫苗与诊断公司（Navartis Vaccines and Diagnostics）。该公司建立起了全新的管理风格、公司文化和领导团队，成功带领并购后的公司向前迈进。

诺华集团的美国分公司诺华制药（Novartis Pharmaceuticals Corp），自身也面临着巨大的挑战：持续的快速成长和日益复杂化的局势。它们需要有能力带领公司迎接这些挑战的领导人。

近年来，人才竞争愈演愈烈，美国诺华制药的首席执行官高斯基知道，未来的情况会越来越困难，他也知道，诺华需要能力全面的领导者，其中有些必须不同于现有领导者。市场正在快速变化，在2006年市场规模还比较小的细分市场有望在未来快速成长。大众对健康医疗的认识和政治环境也都在变化，未来的领导者必须善于理解这些新的变化和政府决策者关注的重点。

此外，药品市场也越来越不稳定。非专利药的推出或是撤销取决于美国食品药品管理局（FDA）到底偏重于谨慎性还是有效性。如果FDA态度谨慎，很可能使非专利药公司在一夜之间丧失全部收入，导致产品资产组合和策略发生重大改变。因此，领导者必须具有立即调整业务优先顺序的能力，而且，开发与推出新产品的压力使得跨部门的合作变得更加重要，这也要求未来领导者必须加强协调能力。

认识到领导力开发的极端重要性，高斯基寻求人力资源部负责人巴洛的支持，仔细评估诺华制药现行的人才培养模式。该公司各部门现行的人才培养模式虽然各具特色，但是基本理念并没有错——找出有领导潜质的人才，提供合适的锻炼岗位，辅之以持续的学习机会，然而各部门挑选领导者的决策依据却各不相同。一般来说，当管理者要选拔某人担任某项领导职务，他会写一份岗位说明书，强调该岗位需要的最重要的技能，然后和人力资源部门一起挑选具备这些技能的人，至于这些人未来的领导潜力，则不是考核的重点。

此外，评估候选人通常是由某个部门的负责人来实施。例如，一位负责市场的高层领导者在挑选一位产品总监时，可能不会想到邀请销售部门的人员参与，尽管这位产品总监未来必须和销售部门密切合作。同样，销售部门在挑选销售管理职务人选时，也不会邀请市场部门的人参与。在同一公司内，各部门的领导人才规划也不同。有些部门对于未来几年将要出现的领导职务空缺有规划中的接班人选，有些部门则存在严重的领导人才接班断层问题。

高斯基和巴洛决定要改进选拔和培养各级领导者的各项工作，他们让各部门广泛交流最佳的实践经验。例如，某个部门很系统地瞄准崭露头角的未来领导者，让他们充分锻炼，为未来三五年替补空缺的领导岗位做好准备，这种方法成为其他部门学习的榜样。

美国诺华制药首先把这种新的领导力培养模式应用在副总裁职位上，第一步是分析该职位的主管业务和工作内容，定义业务的未来需求，再据此修正对这个岗位的潜力领导人才的标准。当然，达成财务绩效目标和展现业务成果是晋升副总裁职位的必要条件，但抢先竞争对手识别产业模式和变化，并能从容应对变化的能力变得越来越重要。同时，掌握细节并从中转化为高层次战略思考的能力也越来越重要。此外，从公司的快速成长来看，领导人才的数量需求将越来越大。因此，公司领导必须培养各级后备干部，以增强公司的竞争力。晋升副总裁职位的必要条件之一，就是善于培养有潜质并能够带领公司继续前进的未来领导者。

在诺华，高级领导人经常向员工了解他们工作的细节，以此评估此人是否掌握其工作细节，比如某个特定产品的电话销售量，或者在某个细分市场的市场份额。现在，这种注重细节和事实的态度也运用到了人员的领导力评估讨论方面，关注事实和细节，使得领导人才的选拔和培养流程变得更加严谨。

现在，美国诺华制药的人才评估流程是，针对高潜力人才设计几年后的目标职务，并拟订让他快速积累担任该职务所需资历的行动方案。如果目标职务的要求和他现有的能力存在明显差异，公司便会考虑：如果我们现在就把这个人放到这个职务上，将会怎么样呢？然后，公司积极寻找缩小这种差距的方法，委派他到量身定制的岗位去工作。不过在实施任何具体的岗位调整之前，必须考虑许多因素，比如，如何兼顾业务需求（个人专业能力以及个人与该部门团队的配合）和个人需求。

有的具有领导潜质的培养对象被安排直接向高层领导汇报工作。这样，高层领导可以和他们直接接触，深入考察他们的潜力。高层领导的评价成为这些领导人才培养计划的重要参考依据。全球范围的轮岗工作，有助于加速这些培养对象的成长。与此同时，与诺华集团其他业务部门和高层领导互动，也有助于他们的能力提升。

美国诺华制药的领导力培养方案是诺华集团旗下公司众多管理创新之一。诺华集团首席执行官魏思乐相信，集团的未来发展在很大程度上依赖于对各级领导人才的持续培养。

魏思乐有信心，通过持续完善公司的高层领导培养工作，诺华集团能够为公司未来发展做好充分准备，尤其是领导人才储备。届时公司整个管理团队都能够自如应对各种复杂性及不确定性因素，面对挑战与机遇游刃有余。

领导人才培养问题突出

领导力的重要性毋庸置疑。它能创造并激发员工的能量，为他们的行动指明方向，促使团队齐心协力创造卓越绩效。实际上，领导力是判断一家公司未来的头号指标。领导力不同于财务指标，财务指标只能反映企业历史业绩。强大的领导力能够推动公司蒸蒸日上，而领导力水平低下会使公司江河日下，甚至走向破产清算。

董事会和高层领导们深知这一点。他们知道挑选未来的首席执行官是董事会最重要的决策之一，必须提早规划。他们也懂得公司每个层级的领导者素质对于公司的日常运作和培养未来的首席执行官的人才库有着重大影响。因此，许多公司愿意投入大量的资源精心设计领导力培养方案，而且董事会也会仔细考察未来的接班人选。

但是，众所周知，接班人计划和高层领导培养方案的效果却普遍不佳。前不久，世界知名的科尔尼咨询公司（A. T. Kearney）对公司董事会成员进行的一项调查表明，只有不到 1/4 的董事认为该公司董事会在高层领导培养和接班人规划方面的工作卓有成效。在销售收入超过 5 亿美元的公司中，大约一半的公司没有明确的首席执行官接班人计划，只有极少数人力资源部门负责人对其所在公司高层领导接班人的培养流程满意。这些问题的结果显而易见,近年来,更换首席执行官越来越频繁,越来越多的首席执行官上任不久,就被迫下台。

首席执行官的接班问题源于高层领导培养环节,因为这是诞生未来首席执行官的摇篮。有时,"空降兵"是解决公司根深蒂固问题的最佳方法。但更多的情况是,由于公司自身没有培养出所需要的高层领导,向外寻找人才成为了唯一的解决方案。当"空降兵"不能有效理解公司业务及所在行业,或是不能适应公司文化,并力图改变公司文化的时候,就会导致不必要的冲突。他们往往会引入新的管理团队,形成新的管理风格,从而打断了公司管理的连续性和良好的发展势头,还会削弱员工的干劲,使员工们忧心忡忡。等到董事会发现选错了领头人,或者发现公司走上了错误的道路时,竞争对手早已利用这个机会取得了竞争优势。

从公司外部寻找首席执行官不仅仅是冒险,而且,也越来越困难,代价越来越高。股东们对于业绩不佳的首席执行官越来越没有耐心,因此董事会也越来越不能容忍平庸的业绩,于是解雇首席执行官的速度越来越快,重新寻找首席执行官的公司也越来越多。此外,私募基金公司也加入了对优秀首席执行官的争夺。私募基金不仅能提供极其诱人的报酬与机会,而且在私募基金就职，无须面对企业各个相关利益方的复杂诉求，更不会受到政府相关部门的严格监管。

在领导人才的争夺战中没有赢家。弱势公司获得优秀人才非常困难，境况会越来越差；善于培养领导的公司，也必须不断地想方设法留住他们的优秀人才；高成长公司必须努力培养和留住数量足够的各方面的优秀领导人才，用来支撑公司的持续成长。

我们应该清楚，领导人才的严重短缺，是一个不容置疑的信号，这表明传统的领导人才培养模式存在严重缺陷。首席执行官、人力资源负责人以及各级的业务领导者在选拔和培养领导人才方面做得不够好。他们似乎不明白领导者应该具备哪些素质才能胜任领导岗位。依据错误的标准，他们把注意力放在错误的人选上面。许多领导者没有认识到，培养未来的高层领导也是其工作的重要组成部分。其实，培养领导人才，尤其是提升他们应对未来日益复杂多变的市场环境的能力，对公司未来发展是至关重要的。当这些领导者最终意识到这一点，往往为时已晚。

在大多数公司，高层领导培养和首席执行官接班人规划很不连贯，缺乏严肃性和一致性。有的公司在这方面虽然有规章制度，但主旨却错了。他们让员工循规蹈矩地填写表格，遵守程序，但识别和评估领导潜质的方法却很马虎、很官僚。有些公司模仿在领导力培养方面堪称楷模的通用电气公司,但它们大多只是按图索骥,并没有学到通用电气在这方面的严谨态度和专业方法。

很多人认为,在过去几十年中,商学院已经培养出大量的可以立即上手的领导人才。许多刚刚走出校门的学生聪明伶俐、才思敏捷、精通建模和数据分析,能够根据数据资料做出分析判断。他们常常表现出对公司问题的敏锐洞察,雄心勃勃、干劲十足。他们渴望成功,利用他们的分析技巧、表达能力和充沛精力,给上级留下深刻的印象。于是他们的上级信心大增,给予这些雄心勃勃的年轻人进入领导岗位的机会。

但是,分析能力和表达能力只不过是领导力的一个方面,他们在领导力方面的缺陷迟早会暴露出来。这些年轻领导者中,有些人在成长的过程中被淘汰,或者是跳槽到更好的公司,其他人(数量多得令人吃惊)则在继续晋升,直至高级领导岗位。他们的晋升可能是因为自身专业能力出众,或是因为单兵作战时表现优异,或是因为其业绩出色而得到提拔奖励,但公司并没有评估出他们基本的领导才能。尽管他们在专业领域取得了非凡的成功,却从未在历任的管理岗位上展现出必备的领导技巧、能力和经验。但就这样,他们也常常被误认为领导能力出色,从而被提拔为高层领导。当然,也有优秀的经理人在这些错误的流程中崭露头角，但这往往是靠运气。最终，公司将因为没有能够识别和培养出真正优秀的领导人才而付出沉重的代价。

其实这些错误都是可以避免的。我们都知道，各个公司完全可以把领导梯队建设好，把高层领导及首席执行官的接班人培养好。有些公司，例如，通用电气、宝洁、高露洁、百事可乐、宣威涂料，是高层领导人才的"黄埔军校"，为其他公司输送了大量的领导人才。我们如果能够从这些成功的案例中得到启示，总结其基本原则和做法，就能够建立一个领导力培养的新方法，并运用这种新方法培育出公司迫切需要的领导人才，包括21世纪的首席执行官。

虽然我们现在面临高层领导人才短缺，但实际上，具有领导潜质的人才大有人在。米开朗基罗之所以能把一块大理石雕刻成令人动容的作品《哀悼基督》(*Pieta*)，是因为他在雕塑方面有才华。同样，具有领导才华的首席执行官能够把一个杂乱无章的组织改造成卓有成效、动力十足的创新型成长公司。识别有领导潜质的人才，充分发挥他们的才华，对企业而言不仅是一笔好的投资，更是一项应尽的义务。一旦公司想清楚领导者应该具备什么样的素质和能力，以及如何培养这样的领导者，公司就一定能够培养出所需要的各级领导人才。他们现在唯一要做的，就是立即采取行动，打造公司的领导人才库。

如何培养领导人才：一个成功案例的启示

发现有领导潜质的人才

许多公司确实在培养有潜力的高层领导人才，但很多时候都不系统，有时只是特事特办而已。比如，某位经验丰富的领导人慧眼识珠，看中了某位资历尚浅，但极具领导潜质的好苗子，于是给予他特别的关照、历练的机会，指导他成长，帮助他成功。这样的例子，偶然性很强，却恰恰说明了领导人应该怎么培养。以下鲍勃和加里（化名）的真实故事就是一个绝佳的例子。

鲍勃在一家全球性耐用消费品公司担任主管营销的执行副总裁，并有望成为这家公司未来的首席执行官。但是事与愿违，董事会选择了其他人，鲍勃则继续留任原职。新上任的首席执行官坚信应当人尽其才，要让鲍勃真正充分施展才华。他不仅放手让鲍勃主管营销，发挥其专长，还在很多其他重要的事情上征求他的意见，把鲍勃当成了公司的首席运营官。

尽管鲍勃在营销领域取得了巨大成就，但是他认为自己能给公司留下的最宝贵的财富应该是培养新一代的高层领导。为了发现、招聘和培养高层领导人才，鲍勃从最好的商学院和顶级咨询公司里面去寻找有潜质的年轻人。鲍勃向他们介绍自己的公司是一家为数百万人供应日常生活用品的全球性企业，能够为年轻人创造巨大的职业发展空间，希望能激发他们的兴趣，吸引他们加入。虽然鲍勃没有把具体要求写下来，但他很清楚自己心中的千里马必须具备哪些特征：有大局观、快速学习能力强、能和不同文化背景的人融洽相处、精于分析、直觉敏锐、富有创意、个性坚毅、追求卓越、拼劲十足、团队意识强烈。他找到了五六个具有这些特征的20多岁的年轻人，让他们在公司总部工作。这样，他便能和这些年轻人直接接触，并在工作中考察他们。他计划给他们安排各尽其才的工作岗位，而不仅仅是把他们留在自己麾下的营销部门。

　　鲍勃对加里的印象特别好。因为，加里很快融入了新的环境，和所有人都能融洽相处；他总能提出特别好的问题，有些已经超越了他的具体工作，甚至是还没被发现却非常重要的问题。两年后，鲍勃给加里安排了新岗位，让他负责公司在巴西的营销工作。当时巴西市场正在快速增长，对公司发展至关重要。

　　巴西虽与总部远隔重洋，但是鲍勃给自己定了一个规矩，就是定期和这些远在巴西的年轻人深入沟通，同时也和他们的上级领导保持紧密联系。鲍勃非常关注他们的工作表现，经常与他们交流，给他们指导，教他们如何解决工作中遇到的问题。比如，鲍勃和加里经常讨论如何与经销商打交道，如何观察消费者行为，如何把握汇率变化对公司业务的影响。有时鲍勃也会出个难题来考验一下加里，例如："你认为总部应该怎么做，才能抢占巴西市场的头把交椅？"对加里来说，除了业务问题，如何在一个文化不同、语言不通的陌生国度工作生活，也是一个挑战。但加里成功经受住了考验，他很快适应了新的环境，通过快速学习，与当地的经销商和零售商建立了牢固的业务关系。就这样，加里在巴西的两年时间里取得了优秀的业绩，把公司销售额每年提升了 10%。

擢升至地区业务一把手

由于鲍勃的关注和支持，公司其他高层领导也渐渐开始关注加里。当公司巴西业务的一把手调回美国时，加里就成了继任候选人之一。但是他比其他候选人年轻得多，而且也不像其他候选人那样具有担任一把手的经验。一些公司高管担心，让加里掌管像巴西这样巨大的市场似乎有些操之过急，可是鲍勃不这么看。鲍勃一路看着加里成长，深知加里的视野理念、知识水平及人际技巧已经超越了目前岗位的要求，完全可以胜任新的职务。他感到加里目前展现出的能力只不过是"小荷才露尖尖角"而已，于是他向总部高层详细介绍了加里的才华与潜质。最后，首席执行官同意让加里试一试。

毫无疑问，担任一把手，全面负责巴西业务是一项非常艰巨的挑战。但是通过两年营销工作的历练，加里已经打下了坚实的基础。在这两年中，他除了本职工作外，还关心制造、采购、政府关系、人力资源等其他部门，不仅树立了良好的口碑，还与其他部门的同事建立了融洽的关系。当他成为一把手，全面负责巴西业务，需要处理错综复杂的各项业务细节和各方面人际关系时，他过去积累的口碑和人脉为他赢得了各方的支持和鼓励。在接下来的3年里，加里致力于削减成本、提高效率、推出新品、力克强敌，提高了市场占有率。

当加里还在学习如何管理整个巴西业务时，危机却在千里之外悄然生成。几年前，公司急于进入利润丰厚的日本市场，参股了一家日本企业。但是投资后，这家合资企业的经营状况急剧恶化，生产效率低下，产品越来越不能满足消费者日益变化的需求。更可怕的是，该企业的管理层对这些问题手足无措。面对这种情况，公司的首席执行官必须做出事关进退的重大战略决策：是退而放弃公司在日本的投资，还是进而更深入地参与管理这家企业。他倾向力挽狂澜，拯救公司的日本业务，并试图劝说日本的合资伙伴接受托尼，一位负责制造的资深高管，出任这家合资企业的首席执行官。不过，托尼在奔赴东京就任前明确表示，他需要一位营销能力极强的业务主管协助他挽救日本业务。

鲍勃向首席执行官推荐了加里："加里不错，让他去吧。他精通营销业务，能够成功融入不同的文化环境，而且人际技巧出众，能与各种不同背景的人共事。他应该比任何人都更能胜任这项工作。"但是首席执行官心存疑虑：在日本凡事都是论资排辈的，托尼资历老道、经验丰富，没问题，但加里才刚刚30出头；更重要的是，原来的日本管理层也许不太愿意一下让两个美国人当他们的顶头上司。

不过，首席执行官知道鲍勃非常了解这些有潜质的年轻人。他相信鲍勃的观点是很客观的，因为鲍勃总是千方百计地了解这些年轻人的工作情况，多方印证自己的看法，从不偏听偏信。当鲍勃看到他们没能如自己期望的那样快速成长时，他会帮他们调动岗位，充分发挥他们的才能。鲍勃坚信加里天生就是一个管理将才及人际高手，对不同文化有很强的适应能力，而且其他人也赞同鲍勃的这些看法。最后，首席执行官采纳了鲍勃的建议，决定派加里去日本。

以退为进的职务调整

现在，轮到加里为难了。他已经是一把手，全面负责一个重要的国家市场，掌管业务的方方面面，但现在总部又让他去管营销工作。他心想："这不是我早就干过的事嘛。"周末，他与鲍勃通电话，表达了自己的担忧，认为去东京工作是自己职业生涯的一个倒退，还不如等下一个一把手的工作机会，或者调回美国也是一个不错的选择。

鲍勃开导他说："你应该去东京，别管职务和级别。日本和巴西是完全不一样的。你将会在一个完全不同的公司工作，那里的文化和处世之道都是很独特的，而且日本市场机会巨大。我向你保证，这是一个挑战，你绝不会感到无聊，并且还可以学到很多东西。"

到了日本，加里发现，这里的一切都与他之前所经历的完全不同。加里早已习惯了巴西同事七嘴八舌、幽默诙谐的争论方式，但日本的管理团队在开会时却经常是一言不发。销售人员从不和市场人员沟通交流，同样也不和生产制造及产品设计部门的同事往来。这家企业每个部门的人员编制都十分臃肿，员工看似都在很卖力地工作，但成果却很少。加里只能发挥自己的人际能力，在各种会议上或单独接触中，鼓励日本同事表达各自的观点。

加里面临的最大挑战是如何鼓励大家在公开场合表达不同的意见。在日本，人们普遍尊重长者而且彼此之间彬彬有礼，因此不愿公开表达反对意见。有些年轻的营销人员对如何把握年轻客户的需求有非常好的想法，但他们很少在会议上公开表达。因此，加里不得不三番五次地强调讨论的重要性，让日本同事相信，彼此争论、集思广益是大有裨益的。渐渐地，会议气氛变得活跃起来。

加里在想方设法激发营销部门工作热情的同时，也致力于与其他部门建立良好的关系。他主动去拜访工厂，与产品研发人员交流，并邀请零售商共享清酒，共进晚餐。通过这些努力，加里加深了对企业的了解，但他的上级领导托尼却没有成功融入企业，也没有被管理层真正接受。尽管在加里的努力下，企业的市场份额有所提升，但其他必要的变革举措并没有得以实施，远在美国的公司总部也逐渐发现了这些问题。到日本就职两年后，托尼被召回美国，总部关于日本业务该走向何方的争议再度浮现。鲍勃知道，加里除了做好营销工作之外，还积极了解日本业务的全面情况，并与各方面建立了良好的关系。因此，他建议已经有些心灰意冷的首席执行官，让加里分析日本业务存在的问题并提出解决方案。于是，首席执行官同意在下次董事会开会讨论并最终决策日本业务的去留问题之前，让加里向各位董事汇报一下日本业务的现状、存在的问题以及解决方案。

在董事会上，加里分析了这家企业的基本情况：员工没有明确的奋斗目标，产能陈旧而且过剩，产品缺乏差异性、对消费者没有吸引力，管理层士气低落、沟通不畅。他认为，根本问题在于公司的管理团队。如果能充分激发他们的工作热情，施展他们的才能，让他们像他所主管的营销团队那样精诚合作，就一定能挽救日本业务。他还向董事会阐述道：我坚信，日本市场战略意义非凡，不仅潜力巨大，而且能够成为公司进军其他亚洲市场的平台。

从主管营销到全面负责

　　此时，加里良好的沟通技巧以及果断做出正确决策的能力已经在公司崭露头角。尽管他的战略思维还没有经过实践的检验，但他对日本业务的理解与判断已令人十分信服。因此，当首席执行官建议让加里去全面负责这家日本合资企业，为挽救公司投资做最后一搏时，董事会几乎一致通过。

　　过去工作的历练，让加里早已具备了担任一把手所需的各项知识和技能。但是，在如此关键的时刻，为这样一家战略意义非凡的大型企业制定战略方向，对他而言却是全新的领域。他知道，尽管日本人精于执行，但要真正推动变革，他必须充分调动高层管理团队，并且非常尊重日本人注重共识的文化。他必须改变企业的方向，并取得大家的认同。只有这样，员工们才会愿意推进大刀阔斧的改革措施，比如关闭工厂，大规模裁员。最后，高管们必须对公司的发展前景和潜在的市场机会达成战略共识。这些共识不仅局限于日本，也关乎其他亚洲市场。

当加里向高管团队阐述他对企业现状、存在问题及改革方案的看法时，在场的人似乎都不敢提出建议，甚至连问题也不敢提。后来人们开始去他办公室单独沟通、表达疑虑时，加里非常振奋，趁势鼓励他们在下次开会时提出这些疑虑。有些人这么做了，但变化不大。直到加里找到正确的方法，让日本同事更自在地提问、讨论，真正的改变才破茧而出。他首先把企业整体的财务状况给高管团队做了介绍，然后把他们三四个人分成一组，让他们讨论企业整体状况并提出解决方案。如果他们愿意，用日语讨论也可以。这种不拘形式的以及使用母语的小组讨论促进大家更加坦诚地进行交流。过去这些高管从来不了解企业整体的财务状况，每位高管只知道自己负责部门的财务情况，这种着眼于公司整体的讨论也使人们放松了戒备之心，更愿意畅所欲言。分组讨论一小时后，各小组派代表向整个高管团队说明各个小组讨论的结果。

加里执掌日本业务 6 个月后，高管团队变化显著：他们不仅了解企业全局，能提出敏锐的问题，而且还勇于在整个高管团队面前公开争论、积极探讨。加里终于找到了开启企业文化变革的金钥匙。

在执掌日本业务的前两年，加里通过以客户需求为导向的企业运作、新品研发、高效制造及精干团队，帮助企业成功扭亏为盈。在接下来的3年里，他乘胜追击，扩大了在日本的市场份额，成功进军了其他亚洲市场，降低了资产负债率，提高了净现金流。除此之外，他还指导建立了领导人才发展体系：在尊重日本企业论资排辈的升迁传统的同时，也在年轻人当中寻找有领导潜质的人才，给予他们历练的机会，帮助他们提升能力。这些举措保证了公司在他离任之后还能茁壮成长。

在经营日本业务的同时，加里也在不断地提高自己：他积极参加许多短期会议及论坛，积极了解企业外部的发展大势；努力学习如何与日本的投资人、资本市场及工会打交道；他还与其他公司的高层领导建立了广泛的人脉网络。鲍勃时常会给加里打电话与他深入交流，问他"你现在正忙些什么"或"你最近有什么新进展"或是"你目前面临的挑战是什么"。这些貌似简单的问题激发了加里的深入思考，促进了加里的快速成长。

鲍勃退休后不久，加里被公司总部召回美国，担任公司的执行副总裁。这时，日本业务已蓬勃发展，公司充满活力并走上正轨。加里非常有信心地向董事会推荐，由这家日本合资企业的首席运营官接替他出任企业的首席执行官。这位高管是工程师出身，由于受到加里成长经历的激励，从3年前开始主动学习财务知识，加深自己对企业运营各方面的见地。3年之后，在新任首席执行官的领导下，公司的日本业务又上了一个新台阶。

加里的每一次轮岗，鲍勃都会承担一些风险，因为加里不一定会成功。但是出于对加里的领导才能、性格品质以及业绩表现的深入了解，鲍勃对加里非常有信心。在每一次岗位变动的转折点，鲍勃都会审慎地关注加里的工作业绩和个人成长。他指引加里前进，但从不命令加里做什么。他的提问总能帮助加里开拓思路，他的建议总是最为加里考虑。但是，这并不意味着加里对自己的职业发展完全处于被动的地位。加里很早就认识到，他要对自己的领导能力提升以及职业发展最终负责。他必须抓住每一个历练自己的机会，即使有时这意味着一次打破陈规的冒险。

加里是否会最终成为首席执行官，目前还言之尚早。但他目前负责的是公司最大、最重要的部门，而且他自己还在不断地茁壮成长。毫无疑问，鲍勃精心培养年轻高层领导的努力让加里和公司都受益匪浅。他帮助加里寻找最适合的岗位，指导他在提升工作业绩的同时为下一个岗位做好准备，还让他独特的优势获得公司高层的关注和重视。

培养领导人才不能听天由命

也许有人会说加里是幸运的，因为他很早就遇见了伯乐。他没有受制于敷衍了事走过场式的绩效考核，而是由一位对他的工作及为人都非常了解的导师——鲍勃，对他进行全方面的考察。鲍勃极力劝说其他高层领导给他大展拳脚的机会，使他不必拘泥于按部就班的常规晋升。他经历的每一个岗位都有助于他提升既有才能，强化核心领导能力，同时又能让他在新的领域得到锻炼。加里的成长很大程度上得益于这样一位经验丰富，对培养高层领导非常投入的导师。这位导师亲自指导他，提出了很多中肯的建议。更可贵的是，这位导师乐于把他的成功视为自己的成就之一。

任何一位具有首席执行官潜质的年轻人的成长都可以从上述要素中获益，我们应该在高层领导培养体系中纳入这些要素。公司必须尽早识别具有领导潜质的人才，积极培养他们，从而建立起能够在未来担任领导职务的后备人才库。公司应该创造机会，让这些最具有成功潜质的人才尽早崭露头角，通过适合其特长及符合其成长需要的各种挑战来历练他们，并对他们破格提拔。与此同时，公司必须密切关注他们成长，看看哪些优点得以印证，哪些缺点有所显现。公司应该安排精通业务的资深高层领导与他们密切工作，指导他们成长。这些指导不应只局限于领导风格，应该涉及领导能力的方方面面，尤其是业务管理以及为人之道。

可以想象，如果所有潜质优异的领导人才都能得到这种量身定制的培养，那么公司培养高层领导的成果将是多么丰硕，影响将是多么深远。摆脱了令人窒息的官僚体制，这些有领导潜质的人才就能不受束缚，快速成长。这些领导者将积极推动公司变革，把握新的机会，激发公司的竞争本能，彻底改变公司的面貌。有了这样充足的领导人才储备，公司就做好了准备，能更好地应对未来市场及竞争环境的变化。当然，人的潜能各有极限，有的可能达不到首席执行官的要求。但是，这样培养高层领导可以保证让各个层级的领导者都能各显其能、各尽其长。

就算花再多的钱，现有的领导人才选拔程序及培训方法也无法满足对高层领导人才的迫切需求，因为这些方式根植于严重错误的理念，没有真正理解什么是领导力以及领导应该如何培养。这些错误理念及其缺陷包括以下几个方面。

- 没有意识到公司中只有少部分人真正具有领导大公司的潜质。公司必须尽早识别这些人的领导潜质，对他们特殊培养、破格提拔，让他们的成长不受按部就班的常规晋升之严格限制。
- 没能让现任领导人认识到，识别及培养有领导潜质的人才也是自己的重要职责。他们既不知道如何识别及培养领导人才，也不会因为在人才培养方面的努力得到任何奖励。绝大多数公司只用财务业绩来考核他们，并不关心他们是否有能力培养领导人才。

- 让基层主管负责尽早识别及培养有领导潜质的人才，而这些基层领导对此并不擅长。
- 以敷衍了事的、走过场式的"绩效考核"作为指导有领导潜质的人才、规划他们职业发展的主要机制。
- 对所有领导人才寄予同样的期望，让他们接受同样的轮岗锻炼，而不是根据他们各自的才能及成长需要，量身定制培养方案。
- 培养领导人才的资源分配过度分散，而不是聚焦到少部分真正有潜质的培养对象身上，只能寄希望于优秀者自己崭露头角。
- 培养领导人才时，只重书本知识，不重实践锻炼，缺乏在业务实践中处各种挑战的锤炼。

领导人才培养模式需要彻底改变

很显然，高层领导培养急需新的方法。本书后面的章节将详细分析阐述公司到底应该如何培养高层领导。你会发现一个全新的高层领导及一把手接班人的培养模式，而且这个模式还能帮你打造整个公司的领导梯队。如果你这么去做，就能在很大程度上走出了公司在一把手接班问题的困境。选择首席执行官，仅仅依赖严格仔细的选拔流程，或者谨慎勤勉的董事会，是不够的。公司自身必须有坚实的高层领导及一把手培养体系，有充足的高层领导人才储备可供选择，只有这样，最终选出的首席执行官才最有可能带领公司取得成功。

> ✓ **你的公司懂得如何培养高层领导吗**
>
> 　　请根据公司的实际情况，用 1～10 分为你的公司评分
>
> 　　1. 在我的公司，培养领导人才是现任领导的重要职责之一。在这项工作上，现任领导必须投入 20% 以上的时间和精力。
>
> 　　不是────────────────────→是
>
> 　　1　2　3　4　5　6　7　8　9　10
>
> 　　2. 如果某位现任领导在识别及培养领导人才方面表现突出，会受到公司的认可和奖励。
>
> 　　1　2　3　4　5　6　7　8　9　10
>
> 　　3. 上级领导定期指导培养对象，提出一两个他们需要提升的重点领域，尤其是涉及业务管理及为人之道的方面。
>
> 　　1　2　3　4　5　6　7　8　9　10
>
> 　　4. 对培养对象，至少每年进行一次评估，不仅限于其业绩表现，更重要的是考察这样的成绩是在什么情况下，通过

哪些努力取得的。

　　1　2　3　4　5　6　7　8　9　10

　　5. 现任领导会把他们对培养对象的考察意见汇总起来，并以此决定下一步的培养方式及工作安排。

　　1　2　3　4　5　6　7　8　9　10

　　6. 最具潜质的接班人的工作安排往往最具挑战性，甚至胜任该项工作所需要的能力很可能远远超出了他们展现出来的专长。

　　1　2　3　4　5　6　7　8　9　10

　　7. 公司不会等有了职位空缺，再让这些重点培养的领导人才接受新的考验。相反，重点培养对象的工作安排取决于自己的成长状况。一旦他们做好准备，甚至还没完全做好准备，公司就会让他们担当更具挑战性的工作。

　　1　2　3　4　5　6　7　8　9　10

　　8. 公司对重点培养对象的才能评估能做到非常准确、全面，绝不偏听偏信，并且不会把这种评估与年度绩效考核混为一谈。

　　1　2　3　4　5　6　7　8　9　10

　　9. 公司在管理高层领导培养工作时，严谨有序，章法明晰，就像管理重点财务指标一样，比如销售收入、利润及现金流。

    1   2   3   4   5   6   7   8   9   10

10. 人力资源部门能够确保各级现任领导都在积极培养有潜力的领导人才，都能及早规划好自己的接班工作。这样做，能够帮助成长中的领导人才以及他们的上级领导更好地制定人才规划，把人和岗位完美结合。

    1   2   3   4   5   6   7   8   9   10

第2章

高层领导的轮岗培养新模式

轮岗培养模式要求有潜质的高层领导培养对象在不同的岗位上工作，在实践中锤炼自己，这与当学徒有几分相似。大多数人很难把企业高层领导与学徒联系起来，因为学徒一般指的是学习某项具体技能的手艺人。但是，"当学徒"的理念其实是培养高层领导的新方法——轮岗培养模式的精髓所在。要理解这个理念，你首先得接受一个颇受争议的看法：领导力只能在工作实践中培养。我们可以从书本中或课堂上学到有关领导力的概念、方法和工具。现有的领导力培养基本上涵盖了这些内容。但是，有领导潜质的人才必须通过工作实践来历练自己的领导能力，把书本经验转变为实践经验，并形成自己的应用技能和判断能力。通过自己几十年和各类公司各层级领导共事的经验，我得出一个结论：这种脱胎换骨的转变绝不会在课堂上发生，也不是每个人都能做到的。

　　让我们先从基础看起。面对学徒，师傅会因材施教。首先是挑选有潜质的好苗子，比如技工师傅们绝不会把时间浪费在一个对机械设备一窍不通的人身上。然后是在实践中言传身教，精心培养。当然在成长过程中，学徒们也会学习书本知识、接受课堂培训，但是对学徒们帮助最大的是和经验丰富的师傅一起工作，在实践中不断学习，逐渐成长，也许有朝一日可以成为像师傅一样的大师。培养高层领导也是一样。首先要找到有领导潜质的人才，然后主要通过实践锤炼，以及历练过程中的评估指导及自我修正进行培养。

　　轮岗培养模式是一套严谨的高层领导培养体系，能够根据每个培养对象的成长规划，设计量身定制的培养方案，通过实践及指导，加速其领导能力的提升。这种培养模式从识别有领导潜质的好苗子，即"高潜质的领导人才"开始，因材施教，根据每个人的独特才能及潜质高低，加以培养。从他们当中，也许会诞生公司未来的首席执行官。

　　采用轮岗模式培养高层领导的公司会精心规划这些培养对象的工作安排，以强化他们的既有能力，并考验并培养他们新的潜力。公司会给他们实时的指导，帮助他们在工作中不断提升自己的领导力和判断力。公司至少每年对这些培养对象进行一次评估，考察他们取得了哪些进步，之后应该在哪些方面继续努力，逐步形成各自独特的领导风格。对于最具潜质的接班人，公司会冒一定的风险，给他们安排极具挑战性的工作，让他们在较之以往复杂很多的岗位上锤炼自己，为未来担当公司首席执行官做好必要的准备。

采用轮岗模式培养高层领导对公司各级领导提出了更高的要求。他们不仅需要不断提升自己，还需要担当伯乐，不断在下属中（尤其是直接下属）发掘培养有领导潜质的人才。这是对现任领导职责的全新诠释，需要全公司各级领导转变理念，并提升自己在人才培养方面的技能。

加速培养每位领导人才，促进他们的能力成长，能够提升整个公司管理层的领导能力。这一点本身就很重要，更何况除此之外，公司这么做还能为首席执行官的顺利交接奠定坚实的基础。首席执行官必须能够掌握业务的方方面面，驾驭各种复杂局面，但是按部就班的晋升模式无法帮助高层领导接班人掌握这些技能。究竟应该如何培养一把手接班人，我们会在本章稍后部分及本书的第7章专门阐述。

综上所述，轮岗培养模式的成功要素，首先在于选人，即如何尽早地识别具有领导潜质的人才；然后在于育人，即通过量身定制的工作安排，集中时间精力帮助这些好苗子快速成长。公司的各级领导都必须认识到培养领导人才是其重要的工作职责，并且能够积极努力培养人才。只有这样，轮岗培养模式才能把公司打造成为领导人才的"黄埔军校"。

下面是对轮岗培养模式的简要概述，具体内容会在之后的章节详细介绍。

尽早发掘"千里马"

尽早识别出有领导潜质的人才非常重要。从刚进公司的新人成长为高层领导，大约需要 25 年。在成为首席执行官人选之前，高层领导平均在五个不同的岗位上工作过。因此，大部分高层领导的年龄都在 50 岁左右。越早发掘出真正具有潜质的千里马，就能越早开始考察及培养。选材的正确与否至关重要，因为高层领导培养投入巨大。最重要的投入不是金钱，而是现任领导的时间精力。他们的时间精力是十分宝贵的，必须聚焦在最具成功潜质的高层领导培养对象身上。

尽早识别出有领导潜质的人才，指的是在他们还是新人的时候就能被发掘出来。因此，公司的中基层领导必须学习如何识别具有领导潜质的"千里马"，即便这些千里马还没能真正施展拳脚。现任的高层领导必须和这些中基层领导紧密合作，以确保选材工作的顺利推进。

尽早发掘千里马的要诀在于，找到那些有天赋，能够深刻理解并自如驾驭商业运作的领导人才。如果你有经验，就能在这些千里马才二十多岁还是职场新人的时候，敏锐地找到他们。这些高潜质的领导人才往往会表现出强烈的学习欲望，能够快速掌握和运用新的知识，有强烈的团队精神，能够与人建立良好持久的工作关系，有效激励他人完成工作。他们的学习不仅限于本职工作，还会从直接领导的角度，甚至是上级领导的角度，汲取养料。在这个过程中，他们自然会重新审视、规划自己的工作，当然有时也是有意为之，于是他们的领导也不得不对自己的工作进行相应的调整。这些高潜质的领导人才在达到其能力极限之前，肯定会比其顶头上司表现得更出色。公司高管必须对这些人才特别留心。其实，只有从加入公司起在每个工作岗位上都脱颖而出，才有可能在45岁时成为大公司首席执行官的人选。

最具潜质的高层领导接班人往往具备所谓的"首席执行官基因"：一是超常的直觉及表达能力，能够敏锐地把握公司业务全貌，并用最浅显易懂的语言表述出来；二是出众的为人之道，能够与人团结协作，鼓舞激励员工努力向前；三是卓越的思考能力，能够从宏观视野及不同角度深刻剖析看似模糊多变且无法量化的复杂局面，并理清头绪，找到解决方案。

轮岗培养模式加速领导人才成长

在找到千里马之后，公司应该通过一系列的轮岗机会来培养这些有领导潜质的人才。假定一位领导人才在45岁时能成长为公司高层领导，而且在每个岗位上需要工作三到五年才能真正学有所得，做出成绩，这意味着他从刚入职到最终担任高层领导，大约将会经历5次轮岗。因此，这些岗位的选择及具体工作安排就显得尤为重要。公司应当通过每次轮岗实现培养效果最大化，这些有领导潜质的人才自己也应当积极抓住每次机会，在多个领导力维度上让自己接受挑战、努力学习、加速成长。这些领导力维度包括业务判断力、心理学、激励他人完成工作以及不断督促自己进步的各项能力。

"一刀切"式的传统职业发展路径及岗位轮换模式已无法培养出适应21世纪需要的领导人才。在这种传统培养模式下，岗位轮换往往太快，这些有领导潜质的人才不得不急匆匆地从一个地区搬到另一个地区，从一个职能部门挪到另一个部门。有时他们还没来得及做出成绩或真正融入不同的文化环境，就已经被调到下一个岗位上,因此公司很难考察他们的实际能力。而且有时这些岗位轮换的工作安排重复性很强或者过于简单,工作难度及复杂程度都很难达到锤炼人才的要求,无法帮助他们做好准备,胜任未来更高的职位。更重要的是,由于工作没有挑战性,这些领导人才会觉得无聊乏味,因而会在公司之外积极寻找更大的发展机会。

与传统培养模式相反,高层领导的轮岗培养模式会让这些有领导潜质的人才在充满紧迫感的氛围下成长。他们的每一个新岗位都必须充满挑战,这样才能激发他们充分发挥自己的领导才华,才能督促他们不断学习新的领导技能、磨砺自己的性格品质。

上级领导担任导师

如果一位有领导潜质的人才经过几次岗位轮换的锻炼之后,其领导能力没有得到有效的培养,你就得探究一下原因何在。是岗位挑战性不够,没有高人指点,还是他自己不努力,从而没能提升自己的领导力及判断力?其实,领导人才必须通过自我反省、高人指点或两者结合的方式发现自己的不足,然后加以改进,才能真正达到学习提升之目的。有些人的成长主要靠自己摸索感悟，比如霍瑞修·爱尔杰（Horatio Alger）㊀塑造的那些出身卑微但顽强奋斗，并最终获得成功的人。但对于大多数人来说，如果身边能有高人指点，能及时指出问题并给予指导，自己的成长进步会大幅加速。

在任何一个以培养领导人才见长的公司里，上级领导都会留心考察这些有领导潜质的人才，用心帮助他们发现问题并加以指导。在轮岗培养模式中，上级领导要像导师一样，把指导和培养年轻领导人视为己任，帮助他们开拓思路，与他们分享自己的经验智慧，并深入挖掘每个人的独特禀赋。因此，在轮岗培养模式中，上级领导必须承担起导师的职责。他们应当在工作中全面了解、考察这些年轻领导人才。他们可以根据工作的特殊情况，判断这些领导人才的业务决策，并及时指出问题，给予指导。他们必须把帮助领导人才加速成长当作自己的工作职责，提高自己的眼力，改变自己对优秀领导人才的错误认识：考察领导人才，绝不能只看他能否实现甚至超过既定目标，更重要的是看他是否具有领导才能以及其他的领导潜质。

㊀ 霍瑞修·爱尔杰，是19世纪末美国著名教育家和小说家。生于1832年，19岁就毕业于哈佛大学，1868年开始从事文学创作。爱尔杰毕生创作了100多部以"奋斗与成功"为主题的小说，塑造了一系列出身寒微，但靠着自身的信念、勇气和进取精神顽强奋斗，终于获得成功的男孩形象。其作品影响了好几代美国人，至今畅销不衰。《听差菲尔》《小贩保罗》《穿破衣服的迪克》是霍瑞修·爱尔杰的系列作品。

不可否认，有些上级领导在培养年轻领导人方面更胜一筹。但是，那些对培养下属完全没有意识，也完全没有兴趣的人，是不应当走上领导岗位的。因为他们不会花时间和精力去观察下属的工作情况及决策能力，也不会为下属及时指出问题并给予指导，从而不会对公司的选人育人工作有所贡献。

没有公司高层及人力资源部门的支持，即便是最优秀的导师兼上级，也无法把领导人才的培养工作做好。因为，他们必须综合汇总公司各方面对这些领导人才的考察意见，才能形成全面评价，才能洞察其成长轨迹，以便更好地规划下一步的培养方式及工作安排。

实施轮岗模式的挑战

介绍至此，你应该已经非常清楚高层领导的轮岗培养模式与传统的领导培养模式之间存在本质的差别，尤其是在人才识别及人才培养方面（见表2-1）。成功实施轮岗培养模式，要求公司上下要非常投入，因为这需要公司全体更新理念、改变行为。你必须认同以下观点：第一，高潜质的领导人才与一般人才不同，值得公司在他们身上投入大量的时间精力。与此同时，这些高潜质的领导人才并不能因此就觉得自己在公司里高人一等。第二，公司必须改变其对领导岗位的错误思维，把领导岗位视为个人成就的巅峰，当成员工达成绩效目标的奖励，却完全不考虑该员工是否具备领导潜质。公司必须认识到，领导岗位是一份独特的工作，需要独特的才能，绝不是任何人都能胜任的。

表 2-1 传统领导培养模式与轮岗培养模式的主要差别

主要差别	传统领导培养模式	轮岗培养模式
模式注重	投入，如培训课时、培训经费、我们自己的企业大学①	产出，如是否培养出了我们需要的领导人才
资源需求	主要是费用	主要是现任领导的关注与精力
资源分配	过度分散，撒胡椒面式的	聚焦到一小部分真正具有领导潜质的人才身上
负责部门	培养领导人才由人力资源部门负责	上级领导是领导人才培养的主力军，人力资源部门负责监督、支持及协作
潜质要求	对所有领导人才的能力及特质，制定整齐划一的要求	因人而异，根据每个领导人才的特点，如领导才能、技巧及特质，制定不同的要求
晋升模式	按部就班、循规蹈矩地逐级晋升	特殊培养，有时破格提拔，工作难度大幅攀升，有时也会平行调动
培养重点	强调课堂培训和工作经历的多样性	在工作实践中，有意识地历练自己
轮岗安排	制定标准化的职业发展路径，等出现职位空缺时，再安排轮岗机会	针对每个领导人才的成长需求，为其量身选择最适合的岗位，必要时调整现有的岗位，甚至是打造新的岗位

①原文是 our own Crotonville。克罗顿维尔管理培训中心是美国通用电气公司的企业大学，因此意译为，我们自己的企业大学。——译者注

公司还必须认识到，培养领导人才绝不会是立竿见影的，往往是需要历经多年才能看到成效。如果公司至今为此还没有行之有效的领导培养模式，那么可能需要花上两三年的时间，来建立新的培养体系，以及打造与之相适宜的企业文化。当然具体需要多少时间，也取决于公司高层的变革决心和推动力度，以及人力资源部门的执行。

实施轮岗培养模式要从公司高层开始。培养领导人才应该是公司使命及愿景的一个有机组成部分。首席执行官和人力资源部门主管必须制定一套基本的制度及方法，根据公司高层在推动领导人才培养方面的能力及投入程度进行评估，对做得好的要给予认可及奖励，对做得不够的要有惩罚措施。凡事都是上行下效，因此公司高层必须以身作则。最后，公司必须制定出一整套领导人才培养体系，明确职责分工，细化工作流程及管理机制，从而保障轮岗培养模式的有效实施。

有些工作忙碌的高管可能会对此模式有所异议，因为他们认为没有时间精力担当导师。也许你会觉得难以相信，其实评价判断与你一起工作的领导人才并不需要额外的时间，只需调整一下你和他们接触过程中的关注点就好了。这当然需要你多费些脑筋，但经过一段时间，你就会习以为常。其实最大的障碍在于上级领导自身是否具备培养领导人才的品质与能力：你必须大公无私，愿意帮助年轻领导人才成长，甚至是超越你；你必须不拘一格，让他们充分施展，把他们安排到最能发挥他们才华的岗位，能够想象璞玉经雕琢后的夺目光华；最后，你还必须大刀阔斧，进行必要的人事调动，腾出岗位，让有领导潜质的人才获得必要的历练。公司的薪酬激励制度也必须进行相应的修改，应当根据现任领导在人才培养方面的不同表现给予奖惩调整。对于那些没有能力或者没有意愿培养领导人才的领导，公司应该开导他们、帮助他们。如果之后他们仍然不愿改变自己，他们就必须离开现在的领导岗位。

公司的人才招聘模式也必须改变。在年轻人入职之初，公司就应当仔细考察他们是否具备领导潜质。经过考察，公司会发现有些自认为有领导天赋的年轻人可能并不具备这样的潜质。他们也许会自行离职，公司其实可以劝说他们留下，因为只要薪酬激励措施得当，他们完全可以在其他岗位上为公司做出巨大的贡献。在招聘中高层领导的时候，公司必须评估他们是否有能力培养领导人才，因为这是上级领导不可或缺的关键素质。

虽然在这样领导人才培养模式中，公司各级领导是主力军，但是人力资源部门也起着至关重要的作用。没有他们的推动及督促，轮岗培养模式很难成功。就如同公司应当提前规划产能一样，人力资源部必须前瞻性地规划领导人才培养及储备，以备公司未来发展之需。人力资源部门的职责就是在全公司积极推进领导人才培养工作，在人才评估及培养方面提出具体建议，确保这项工作取得丰硕的成果。

有效推动实施轮岗培养模式的职责不仅在于公司各级领导和各个部门，更在于有领导潜质的人才自己。他们必须通过学习来提升自己的领导力、判断力及各项技能，对自己的成长负责。他们得自己努力，寻找适合自己的工作岗位，评估工作环境和氛围，奉上级领导为良师。如果发现目前的岗位不适合自己，就应当积极寻求其他发展机会。在领导人才存在全球性短缺的时代，找到合适的机会应该不难。有志担任公司高层领导的年轻人，必须珍视别人的反馈意见和指导建议，虚怀若谷，有意识地自我反省，更加努力地提升自己。雄心壮志必须建立在学习提升、积极进取的基础之上，否则只能沦为纸上空谈。

领导人才培养体系的变革将会全面提升公司的整体领导能力，在各级领导岗位上都人才济济。最大的收益将在董事会提名下一任首席执行官时显现出来。届时公司将有丰富的人才储备，所推出的首席执行官人选经过种种考验、长期历练，必将能够带领公司战胜任何挑战，引领公司的成功未来。

选择首席执行官接班人

如何培养一把手接班人是所有领导人才培养机制面临的终极挑战。正如一吨矿砂才能提炼出一盎司黄金，首席执行官的接班人也是大浪淘沙、千挑万选的结果。1993年时，以培养领导人才著称的通用电气有22.5万名员工，当时的首席执行官杰克·韦尔奇先生从中挑选出了22名优秀人才作为接班人的培养对象，他认为其中4人是"最可能的接班人"，6人是"有可能的接班人"，其余12人被归为"不太可能的接班人"。在之后的7年里，这22人的大名单精选为3人。任何公司在培养一把手接班人时，必须审慎考察有领导潜质的人才，其中很多人都能胜任项目、业务、部门及地区管理工作，但真正具有一把手培养潜质的将才并不多见。因此，我们必须明确胜任首席执行官必备的条件。

首席执行官的任职资格远远超过了其他岗位，作为一把手，他必须在商业头脑、为人之道、政治素养及意志品质等各个方面较他人更胜一筹。首先，他必须有勇有谋，既精于定量分析又能够定性思考；其次，他必须统筹兼顾，梳理协调企业短期与长期的发展需求，内外部的复杂关系以及各业务、各地区、各部门的不同利益；同时，他还必须处理好人际关系，并为企业制定出发展战略。

要担任企业的最高领导人，必须思想足够睿智，判断足够老道。很多优秀的领导者历经终身的学习和体验，才能达到这样的高度。其实，这并不需要一辈子，只要方法正确，学习提升就能大幅加速。例如，杰夫·伊梅尔特最初在杰克·韦尔奇的22人大名单中属于"不太可能的接班人"，但他在44岁的时候当上通用电气的首席执行官。又如，迈克尔·戴尔成功带领戴尔电脑飞速发展的时候才20多岁。出众的领导潜质加上正确的实践历练，领导人才的成长将能突飞猛进，远超出你的想象。

对于那些希望推动首席执行官年轻化的企业来说，这是个好消息。虽然把首席执行官的年龄提早至45～50岁可能会引起一定的争议，但很多企业已经意识到一把手年龄太大会使他们的胜任能力受到影响。因为在这个日新月异的年代，企业必须像年轻人那样快速灵活地调整自己，积极适应环境的变化，才能在激烈竞争中胜出，而在这方面，相对年轻的领导通常要比年纪大的领导更具优势。年轻人往往更有冲劲、愿意改变、化被动为主动，而年纪大的往往会陷于被动挨打、被迫调整的窘境。

反对首席执行官年轻化的主要顾虑是：相对年轻的领导在经验和阅历上还有欠缺，不如年纪大一些的领导丰富。这恰恰是轮岗培养模式着力解决的问题，是其精髓所在。新的培养模式能够尽早发现千里马，并通过多次充满挑战的岗位轮换，多年的精心培养和实践历练，帮助这些有潜质的接班人的快速成长。给他们的岗位安排往往是他们不熟悉的领域，往往存在很多不确定性，他们必须能够理清思路，自如应对。经过几次轮岗的反复考验，他们的知识技能会更加精进，帮助他们逐步形成敏锐的直觉和判断力。一旦他们足以胜任更艰巨的工作，甚至在他们没完全准备好之际，就可以把他们放到更艰巨的岗位上去接受历练。

以轮岗培养模式集中历练那些最有潜质的一把手接班人，在接班临近的时候，公司就能收获两三位优秀的候选人。当然，即便接班人的培养工作做得完美无缺，也不能保证这样培养出的接班人就一定能成功。不过，如果他们能够得到精心培养、细致指导，如果董事会能够尽早参与充分了解，再加上首席执行官遴选机制严谨周密，接班人的成功概率将会大幅提高。

轮岗培养模式为何有效：同心圆学习模式与持续强化练习

在你决定是否要对领导人才培养机制进行大刀阔斧的改革，是否要实施轮岗培养模式之前，你应该确定自己是否真正理解轮岗培养模式与传统培养模式的关键差别。这些差别绝不是表面文章，而是根植于对什么是领导力以及应该如何培养领导力的不同理念。深入理解轮岗培养模式背后的思想基础，能够帮助你更好地领会该模式的价值所在。

轮岗培养模式的核心理念是同心圆学习模式（concentric learning）。我们可以把有领导潜质的人才的职业发展看成是一系列同心圆：圆心代表该领导人才的禀赋及才能，同心圆代表工作岗位，从内到外的一系列同心圆代表入职后的第一个岗位到之后广度及难度不断递增的多个工作岗位。如果领导人才能战胜挑战，在现有岗位上脱颖而出，说明他已经做好准备，迎接下一个广度及难度更大的工作挑战。我把这种思想称为同心圆学习模式，这是轮岗模式培养领导人才的核心理念（见图2-1）。

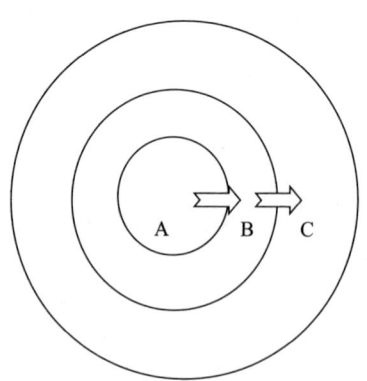

图2-1　通过同心圆学习模式培养领导人才

领导人才通过持续强化练习模式，在广度及难度不断递增的工作岗位上历练着自己的领导能力。每一次练习都能帮助他们持续提升自己，越来越自如地应用各种领导技能。我们举例说明应该如何锻炼领导人才的领导能力：

A点：当他刚走上领导岗位时，必须能够挑选合适的下属，并将他们组成强有力的工作团队。

B点：当他调任下一个领导岗位时，必须有能力影响非下属的其他人，比如其他部门的同事以及公司的供应商等。

C点：这时，他开始承担全球性的领导职责，需要组建跨文化的工作团队。虽然这些都是他在刚上任时不具备的能力，但是之前岗位的历练已经为他打下了坚实的基础，比如怎样识人用人、怎样管理团队。因此在他面对来自不同地区、不同文化的同事时，在需要运作复杂团队时，他早已成竹在胸，绝不会手足无措。

与同心圆学习模式同样重要的概念是持续强化练习（deliberate practice）。我们非常熟悉"练习"这个词，它通常令人联想到体育运动或是艺术创作。音乐演奏家怎样才能登上卡内基音乐厅的舞台，跻身为世界顶级艺术家的行列？就是靠练习、练习、再练习。但是光靠重复是不能脱颖而出的。卓越的领导者就如同体育艺术及其他领域的高手一样，靠的是长期坚持不懈的强化练习，即自身的努力反复练习，加上高人的及时反馈和明确指点，以及自我的虚心改进和不断完善。简而言之，就是反馈加改进的练习模式，这就是商业领导人才自我修炼，提升领导力及判断力的秘诀。有时他们自己都没有意识到，他们长期坚持练习的动力源于他们不懈的追求和坚强的毅力。

持续强化练习是佛罗里达州立大学的安德斯·埃里克森（K. Andres Ericsson）教授首创的。他致力于研究人们在体育艺术方面持之以恒的练习，以及这种练习带来的益处。他在这个领域发表过很多学术论文，比如1993年发表于第100期《心理学评论》杂志上的论文"如何促进专业技能的提升"。我对他的研究特别感兴趣，因为他的结论与我40年来观察到的领导力培养模式不谋而合。

持续强化练习之所以有效，是因为长期坚持不懈的练习改变了大脑搜集和处理信息的方式，把需要思考的行为固化成了直觉和本能。这完美地诠释了为什么卓越的领导者拥有非凡的判断力。与同心圆学习模式密切相关，因为在不断挑战自己的过程中，领导人才正在强化锻炼自己的领导能力。在持续的练习中，他们会突然产生新的领悟，从而改变他们的心智模式，使他们的领导能力大幅提升，达到一个新的境界。

有些卓越的领导者就是通过同心圆学习模式以及修炼自己，并获得成功的。众所周知，通用电气的前任董事长兼首席执行官杰克·韦尔奇就是一位一流的教练兼导师。他非常善于培养领导人才，帮助公司各业务部门的高层领导持续成长，取得佳绩。我观察他本人和通用电气很多年了，发现他在领导能力方面仍然在不懈地练习，持续地改进。这已经成为他的本能，已经无须思索，刻意为之。比如在人才选拔方面，他似乎有与生俱来的领导禀赋。他从小打曲棍球的时候就知道，要想自己的球队持续取胜，就必须在球队的各个位置上招募到优秀的球员。但是，各个球员单兵作战能力强还是不够的，他们还必须能够拧成一股绳，成为队友，团队作战。

要领导好这支球队，韦尔奇必须了解他的队友，一方面是要让他们充分施展自己的才华，另一方面是要给他们提出意见建议，让他们不断改进持续成长。他在自己的职业生涯中，一直致力于提高自己与人合作、培养人才的能力。当他刚刚在通用电气的塑料业务部门崭露头角、走上领导岗位时，他就定期组织业务讨论，借以培养团队。他除了按照公司严谨刻板的管理制度来评价人才，还积极创造了很多非正式的途径全方位地考察人才。比如他会提前结束会议，把整个团队带到酒吧里去探讨业务问题。大家兴起时，这样的讨论能持续到晚上十一二点。他通过这些机会深入了解下属、培养感情、获取信息、提供反馈意见，从个人能力及团队协作两个方面评估下属。他不光评估下属的个性和能力，更重要的是考察他们对业务的理解。以此为起点，他开始培养另一项至关重要的领导能力——对业务的敏锐思考及判断能力。他承认自己在早年间对人对业务都有过错误的判断，但他从不放弃，始终如一地积极改进自己。渐渐地，他对人对事的判断能力越来越强。

随着韦尔奇在公司的地位越来越高，其肩负的责任也越来越大，需要应对的业务状况也愈来愈复杂，有些甚至是他完全没有经验的全新领域。但是他依靠同样的方法，坚持不懈地与团队沟通，和他们坦诚探讨在公司遇到的种种问题。就这样，他不断地累积自己对人对事的理解与认知。他不断提升自己洞悉他人本性、挖掘发挥其长处、发现其思维缺陷的能力。同时，他也在提高自己全面了解、准确诊断业务的能力。此外，他还善于把这种精辟的业务分析能力与培养团队相结合，帮助整个团队更好地达成业绩目标。

韦尔奇把这种方法应用到每季度的业务分析会、预算分析会、每年两次的战略讨论会以及与15位直接下属的定期谈心之中。他对此要求严谨，坚持不懈。他还找到了一种使他的教练工作更有效的方法：每次会议结束，他会亲自动笔，给每一位下属写信，总结会上讨论过的主要议题及行动计划。每年这么多次会议，每次会后给15位下属逐一写信，这么大的工作量韦尔奇整整坚持了20年。你只要算一算，就会明白韦尔奇是如何成为管理大师的，知道为什么他总能拨开重重迷雾，一针见血直指问题核心。他通过有针对性的持续练习，磨砺自己的品质性格，比如培养自己勇于质疑和挑战的信心，就算是面对业绩极为出色的领导者也不盲信盲从。在他给下属写信的同时，他也在不断思考，如何更好地提问，如何把领导团队和管理业务结合起来，形成更为敏锐的见地和判断。

毫无疑问，韦尔奇身上有与生俱来的领导禀赋及持续学习的惊人毅力，但真正使他成为我们这个时代企业领导大师及楷模的，是他的持续练习，正是这种练习模式使得他的同心圆学习能够真正开花结果。直到他离开通用电气之前，他仍然坚持每年至少开5次以上的讨论会，分析各个业务、评估各级领导。在加入CD&R⊖基金之后，他把自己的领导技能应用到了不同行业的许多企业。在应用的同时，他仍然在持续地提升自己。在评价领导

⊖ CD&R 全称为 Clayton Dubilier & Rice，是一家全球知名的私募股权投资基金。——译者注

人才的长处与盲点方面，韦尔奇的看法总是出奇的准确。

综上所述，轮岗培养模式背后的思想是，通过给每一位有领导潜质的人才量身定制其培养路径和工作岗位（即同心圆学习模式），有针对性地历练其领导能力，考验其领导潜能，促进他们的快速成长。每个岗位的顺序、时间及工作内容都至关重要，必须精心规划。如果他们还能得到及时、明确并有建设性的高人指点，他们的历练会更加有效，他们的成长会更加迅速。出于这个原因，他们的上级领导必须密切关注他们的工作情况及能力成长，否则很难提出有价值的指导意见。在领导人才的培养成长的过程中，上级领导所肩负的导师职责是极为关键的。

第3章

如何选拔高层领导

有效实施轮岗培养模式要求公司必须尽早且正确地选拔领导人才。比如在体育运动中,即便是最优秀的教练,如果他从一开始就选错了队员,那么他永远也无法带领这样的队伍获得冠军。在本章的开始,让我们一起来看看高露洁棕榄公司在这方面是怎么做的。面对宝洁和联合利华这两大业界巨头,高露洁能够常年处于不败之地,实属不易。它们的成功秘诀在于公司上下强有力的领导人才培养体系。2006年,当执掌公司多年的首席执行官鲁本·马克宣布,将由伊恩·库克,一位公司内部培养的接班人,接替他担任一把手时,公司运转一切正常,交接非常顺畅。高露洁在领导人才培养方面的出色表现,部分归功于该公司非常善于在有领导潜质的人才职业发展的初期,就能发现他们不凡的领导禀赋。

该公司专门负责全球人力资源发展的高级副总裁丹尼尔·马

希利就是这套领导人才培养体系的掌门人。高露洁从全球 36 000 名员工中精心选拔出 500 多名"全球高潜质的领导人才"作为培养对象，并密切关注他们的工作表现。培养对象的选拔工作是在全球范围内展开的，因为高露洁相信全球各地都有领导天赋非凡的好苗子。此外，选拔有潜质的培养对象从员工的职业发展初期就开始了，因为高露洁认识到，越早着手选才工作，越早发现不凡的领导禀赋，就能越早历练这些好苗子，从而更好地为公司培养未来发展所需的、能够管理全球业务的各级领导人才。

马希利认为："如果不及早开始，将没有足够的时间全面培养这些高潜质的领导人才。只擅长某个特定领域是不够的，比如只掌管具体业务盈亏的经验，而对公司整体战略规划所知甚少的人，是无法胜任高层领导职务的。高层领导在能力上必须全面没有'短板'，而且在具体应用时还能很好地掌握分寸。"

高露洁的领导人才选拔和培养工作在 3 个层面展开：基层、区域、全球。基层领导人才往往尚处于职业发展早期，但已经崭露头角，比如已经在子公司担任要职，直接向子公司总经理汇报。区域领导人才往往更有经验，他们已经从子公司脱颖而出，开始负责整个业务区域，比如亚洲或拉丁美洲。全球领导人才是高露洁接班人长期培养规划的核心所在。他们是全球重点培养对象，不断接受锤炼与考验，为公司未来 20 年的发展储备高层领导接班人。只要他们工作业绩良好，愿意持续学习提升，不纠结于短期的职业发展目标，他们在公司的发展前途就会一片光明。高露洁在选拔有领导潜质的人才方面要求十分严格。无论什么国籍，精通英文，至少名校本科毕业都是必需的，当然很多领导人才都拥有更高的学历。要想成为全球重点培养对象，必须具备适应公司不同职能、不同业务的特殊专长。

在选拔领导人才时，高露洁最看重的是以下两类领导特质。第一类特质是基本领导能力，这与很多公司的要求大同小异，比如人际交往及沟通能力。马希利认为："只有一技之长是不够的，领导人才必须是全才。就拿沟通能力来说，他们必须精通沟通的各个方面。比如，如何描绘战略愿景、如何有效地倾听、如何清晰地表达、如何提出建议并且能够真正影响他人。此外，他们必须能够适应日新月异的商业环境，并做出相应的调整；他们必须能够激励团队、统一思想，帮助团队专注于对业务发展最为关键的两三项事务上。他们就是那种人们愿意为之赴汤蹈火的人。"

第二类特质是高露洁的特殊要求，即是否真正认同高露洁独特的企业文化和价值观，并且能够以身作则，成为员工的榜样。在选拔有领导潜质的人才时，公司不仅看重基本领导能力，比如是否能清晰阐述公司战略目标、明确业务发展重点、有效激励他人、团结他人，更重要的是看他们是否真正以人为本，能够不遗余力地帮助团队及员工获得成功。这是因为，高露洁秉承的企业文化和价值观非常强调以人为本，坚持尊重员工、诚信正直。

业绩结果固然重要，但高露洁也注重业绩结果达成的过程。随着领导人才不断成长，公司持续评估他们的潜力。这种评估不光看结果，也会看过程。在良好的宏观环境和业务条件下取得优异业绩的人会得到好评；那些在十分困难的宏观经济环境下能够帮助公司减少损失的人，以及在危急时刻能够挺身而出力挽狂澜的人，也会得到公司的认可。

选拔全球重点培养对象的要求更高。他们不仅要精通自己所在的业务或职能，还要深入理解公司的整体运营，树立良好的大局观。与此同时，他们还必须全面掌握全球市场的复杂性，敏锐洞察不同地区市场环境的巨大差异，尤其是发达地区与发展中地区的市场。

高露洁的领导人才选拔工作从公司基层开始。全球各地子公司的各级领导根据公司高层统一制定的明确标准选拔推荐有潜质的好苗子，然后由各地总经理汇总把关，把培养对象名单上报至各区域总部。在区域总部，各条线（如市场、销售、人力资源等）负责人与区域总裁进行复核调整，然后再把增补删改后的名单上报公司总部。在公司总部，高层领导们会对名单认真研讨，进行调整。他们会多渠道收集信息，让所有参与提名过程的各级领导畅所欲言，然后在经首席执行官、首席运营官及其他高层领导审阅之后，才最终定稿。

高露洁把这份500多人的全球重点培养对象名单看作是"投资项目清单"，马希利介绍说："培养人才和培养品牌是一样的。培育品牌需要投资，培养人才也需要。优秀的企业必须扶植旗下的所有品牌，同样也必须支持所有员工的成长。但是，要想打造世界知名品牌，公司就必须区别对待，集中力量，投资那些有潜质的品牌。培养下一代高层领导亦然，公司必须特别关注这些重点培养对象。"

有幸跻身于全球重点培养对象的行列，并不意味着一劳永逸。马希利解释说："如此严谨的人才选拔工作我们每年都会重复一次，名单肯定也会相应地调整。随着工作难度不断提升，有些人会被刷下来，有些人会因表现突出而加入名单，这是个优胜劣汰的过程。级别越高，相应的培养对象人数自然就会越少。"名单的变化从一个侧面反映了公司业务的发展历程。比如十年前，列入名单上的销售人员只需要具备优秀的人际能力和产品知识，就能游刃有余地面对客户完成销售。而如今，客户的采购工作已经大幅整合，销售人员必须面对规模庞大的采购集团。要想在如今的销售岗位上脱颖而出，成为重点培养对象，销售人员必须对采购集团的方方面面都了如指掌，比如品类管理、采购管理、库存管理、仓储物流、信息系统、财务盈利、促销费用以及精细化的费用管理等。无论这位销售人员从全球哪个地区市场起步，要想成为公司高层领导就必须全面掌握这些技能，并在不断的历练和考验中证明自己。

当然人才培养工作不会都尽如人意。比如，有的培养对象在升至高位之后，灵活调整适应环境的能力就日渐退化了；再比如，有的培养对象虽然潜质超常，但是不愿在全球范围内频繁调动，无法掌管高露洁的全球业务，从而决定自愿退出。因此，在培养对象晋升过程中，公司会跟踪考察、持续评估，不断提高选材的准确性。高层领导在业务管理时必须更为老到，能够审时度势的进行内部协调、处理各种复杂局面。有些培养对象在成长过程中会遇到瓶颈，停滞不前，无法代表整个公司、难以对不同国家和地区的业务都做出准确判断。在高露洁这样崇尚地方分权的公司，这样的培养对象就无法胜任公司高层领导的工作。

有些社会现实也会使培养对象数量减少，比如当前家庭形态的转变就给全球人才培养带来巨大挑战。现在夫妻双方往往都工作，双方得分担养育子女的责任。马希利认为，这给人才培养机制提出了更高的要求，即公司在选人育人的过程中，必须充分考虑人们的领导能力、事业抱负以及客观限制条件，无论他们是刚20出头还是已经临近退休。

正是因为这个原因，高露洁在设计领导人才选拔机制时，保留了很多灵活性。比如，一个人在其不同年龄段都有被选拔的机会。马希利说，很难想象一个40多岁才被发掘出来的培养对象能有机会成为公司未来的首席执行官，但是公司的"精心培养的确能够大幅加速领导人才的成长"，尤其是那些在职业生涯早期成长势头很好，后来因为种种原因有所停滞，现在又希望重新推动自己职业发展的领导人才。这样的情况在职能管理部门比较常见。

高露洁给我们的启示是：公司应当秉承严谨统一的标准，尽早选拔培养高潜质的领导人才。一旦找到这些重点培养对象，公司就应该特别关注他们、持续考察他们，不断评估他们的发展状况，并以此决定是否需要调整重点培养对象名单。

关注两项重要的领导潜质

在发掘领导人才方面，你是伯乐吗？大多数公司对于什么是领导、领导该怎么做都存在错误的认识。如果选才工作就出现了偏差，那么所有对领导人才培养的努力都会付之东流。

战略思想家、创意天才、金融高手以及其他才华出众的人都会，也应该受到关注和尊重。人们欣赏他们的知识与智慧，重视他们的意见与构想，自然也就愿意追随他们。如果除了才华出众，他们还能热情工作、不懈努力，就必然会令人印象深刻。他们对事业成功的追求以及上级领导的赏识，把他们推上了越来越高的领导岗位。但是他们往往对自己的缺点全然不知，其实他们当中的很多人缺乏最基本的领导特质。走上领导岗位后，他们也许最初会风光一阵，但由于没有领导潜质，他们在自己擅长的领域之外往往难有建树，更不用说要成为公司的高层领导甚至首席执行官了。

真正具有领导潜质的千里马，在他 20 多岁的时候会是什么样呢？人们通常都会列出一长串个人特质作为答案。这些个人特质固然重要，但只看这些极可能使我们误入歧途。很多政界、思想界和体育界的领导人物也可能具备类似的特质，但这并不能保证他们在管理企业时能够获得同样的成功。而且，过去行之有效的领导才能也不能保证在当今社会依然适用。因此当我们思考什么是真正的领导潜质时，不能光看性格特点，还必须思考究竟哪些特质能够帮助领导者在未来复杂多变的商业环境下，成功管理某个部门、某个业务以及整个公司。

我们可以把商业领域的领导潜质比作一个双螺旋结构：驭人之道和经商之道，两者相辅相成、缺一不可。这种潜质一般在 20 多岁时就会显现出来。我们可以给年轻人机会，考验他们、培养他们。迄今为止，我们还不知道如何帮助那些在人际交往和商业运作方面一窍不通的人掌握这些技能，因此正确识别领导潜质就变得极为重要。不怕是未经雕琢的璞玉，就怕是一窍不通的棒槌。无论个人品质多么优秀，如果不具备商业领域必需的领导潜质，就很难在企业中获得成功，当然也无法成为企业高层领导。只有具备商业领域必需的领导潜质，个人品质才能发挥作用。

我们无须争论这些领导潜质和个人品质是不是天生的，只需知道它们在人生早期就会展现，在人们进入工作岗位时已经基本成形。其中有些特质可能暂时还没有机会显现。但只要有机会，就会彰显无遗。比如，有的人并没有走上领导岗位，但是在危急时刻他们能挺身而出，勇敢应对危机。而对于那些完全不具备领导潜质的人，则很难通过培养让他们成为合格的领导人才。

第一，驭人之道

有领导潜质的人能够激励他人，团结他人，带领他人共同完成某项任务、达成某个目标、实现某种愿景。领导不可能事必躬亲，所以他们必须借助团队的力量。他们需要发动群众、积极授权，同时又能有效管理、确保执行，从而提高自己的工作能力，把更多的事情做好。领导要制定明确的目标、找到优秀的人才、激励他们完成工作，并密切关注团队关系及氛围、强调团队整体目标、谨防破坏团结自私自利的行为。

如果你发现某人不仅能够做到知人善任，有效激励他人、打造凝聚力超强的团队，还能够与团队通力协作，共同发现问题、解决问题，与此同时，还能够与方方面面保持良好关系，你就知道自己找到了一位驭人之道方面的高手。

我发现，优秀的领导者总是热衷于选拔比他们自己更优秀的人，无论彼此是否共过事。通过选拔任用优秀人才，部门和自己都会迈上一个新的台阶。他们善于激励下属，因材施教、积极培养，同时也能赏罚分明，对于那些促进业务发展的人才，他们不吝表扬；对于那些于事无补的庸才，他们敢于撤换，但会非常注意方式方法。这些优秀的领导者总是能够准确地识人用人、积极地培育人才，不断给年轻人寻找、创造最能施展其才华的平台，帮助他们快速成长。其实要找出这些优秀的领导者并不难，只需看他们的下属是否个个都能力超群、动力十足，而且对领导都充满尊敬和爱戴，真心希望领导获得成功。

深谙驭人之道的领导者懂得通过制定明确目标、提出反馈意见及果断指导，激发下属的潜力，帮助他们达成业绩目标，快速成长。很多时候，人们会以业绩指标（或关键业绩指标，缩写为KPI[一]）考察下属工作情况。这些指标不仅能把工作业绩进行量化，更重要的是能够影响员工行为。有的业绩指标很简单，比如顾客电话在一分钟内的应答率；有的则比较复杂，比如与竞争对手相比公司的盈利水平。优秀的领导者会密切关注哪些问题会影响下属达成业绩指标，一旦发现问题，会果断而坦诚地提出意见与指导。他们能够敏锐地判断下属是否能胜任工作，如果发现的确不能，他们就会做出撤换的决定。虽然这样的决定很难，但他们不会退缩。很多人自认为有领导潜质，但是遇到这类情况总是犹豫不决，不知所措，即使已经洞察到哪些员工需要指导，明确他们在哪些方面需要提高，仍然迟迟不能开口。有些领导片面追求下属的爱戴，因此对下属的要求往往过于宽松，难以实事求是。

每个人都能提升自己在选拔培养人才方面的能力，但是驭人之道的其他方面就很难教会了。懂得驭人之道的领导者有敏锐的直觉，可以预见到员工之间可能会发生的问题，能够防微杜渐、及时纠错，从而保证员工间的顺畅协作。他们善于全面考察组织氛围，捕捉潜在问题，能够防患于未然，避免这些问题影响团队协作，阻碍工作进展。一旦发现那些破坏团队协作的行为，他们

[一] KPI是key performance indicator的缩写，意思是关键业绩指标。——译者注

会当机立断地出面干预。许多人会下意识地担心，如果他们试图改变团队氛围及协作模式，自己会被排斥、被冷落，从而颜面扫地。但是真正的领导者不会有这样的顾虑，进而畏缩不前。

从一个人的社交网络就能了解他的人际能力。善于人际交往的人绝不会是独行侠或者书呆子。他们天生就喜欢与各种各样的人共事，因此很自然地会与公司上下建立起良好的人脉关系，其中包括下属、同事及上级领导。随着他们人际交往能力的不断提升，他们的人脉网络会持续拓展，遍及公司内外，比如公司客户、供应商、监管部门、政坛领袖以及一些特殊团体。他们培育的人脉关系往往特别牢靠持久，因为这些关系是建立在信任、双赢的基础上的。通过与社会各界的密切交流，他们不断接触新的事物，学会以新的角度看问题。这些关系也有助于他们更好地激励团结他人，在需要时能够调动必要的人脉力量，这在危机管理时尤为重要。

第二，经商之道

不论是街头小贩，还是全球各大企业的首席执行官，每一位成功的商人都懂得经商之道，如何赚钱。持续赚钱的要诀在于提升企业盈利能力的同时，保持财务稳健性，以应对复杂多变的外部环境。请注意，这里所指的盈利能力是个广义概念，而非仅仅指利润或亏损。管理企业的盈利水平必须综合考量影响损益的诸多因素和信息，这些信息有的能提升利润，有的却招致损失。更复杂的是有些信息无法获得、有些信息存在偏差，而且很多因素还是彼此矛盾的，领导者必须权衡利弊，做出取舍，帮助公司实现盈利，保证财务的稳健性。优秀的业务领导必须具备基本的财务素养，不能只追求盈利性，忽视稳健性；不能光看损益表，不看资产负债表。要知道资产负债表反映的就是公司财务的稳健性。

我认识的每一位优秀的首席执行官都具有超常的直觉及表达能力。这就是我在第 2 章定义的"首席执行官基因"，即能够敏锐地把握公司业务全貌，并用最浅显易懂的语言，生动形象地表述出来。

我们不能奢望领导人才在 30 岁的时候就具备不惑之年的商业头脑，但是如果我们留心，就会发现很多年轻人有着非凡的商业直觉。他们似乎本能地知道客户、盈利、收入与债务之间的关系。即使是最简单的小买卖，你也能察觉到这种商业直觉。比如一个小店，其顾客群明确，其竞争者少许。当你看到店主在适当的时机减价促销、精心选择的商品广受欢迎、努力创造舒适的购物体验、不断调整经营决策以确保资金链安全，你要知道这体现的就是商业头脑。他们能够正确取舍与果断决策，小店因此生意兴隆。

你也可以在大公司的最基层以及新入职的年轻人身上看到这种商业头脑。他们了解公司的盈利从何而来，理解公司真正给客户创造了什么价值，也熟知公司与竞争对手相比有哪些优劣势。如果他们有机会全面负责某个部门或某个业务，哪怕再小，他们都能展示出非凡的商业头脑：他们能够综合考虑从外部环境到内部约束等诸多因素，理解这些因素间错综复杂的关系，权衡利弊、辨别轻重，果断做出业务决策，从而帮助公司调整定位、提高盈利水平，并取得骄人的业绩。

随着级别越来越高，责任也越来越大，必须考虑的因素和变数也在增加，业务的复杂性更是大幅攀升。领导者必须同时拓展其战略思考的广度，加深其战略思考的深度，寻觅诸多貌似无关的因素之间的复杂相互联系，能够拨开重重迷雾，直指问题核心，找到既适应外部环境又能提升公司盈利的万全之策。从本质上看，这些工作与经营小店是大同小异的。如果领导者不能做出正确的决策，甚至总是悬而不决，这说明他们的经商之道还有待提高，可能没有胜任首席执行官的潜力。比如一位销售经理被提升为负责市场营销及产品开发的执行副总裁，他面临的问题可能是：如何捕捉客户不断变化的需求，并设计出创新的产品来满足这些需求。此外，他还必须权衡开发新产品的利弊得失：如果成功，能够推动业务成长；如果失败，则损失巨大。这样的决策更需要全局性的思考。如果他无法做出正确的决策，则说明他没能快速成长，不能达到岗位职责的要求，还无法胜任大公司的首席执行官。真正的领导人才能够持续地提升自己，不断修炼自己的经商之道，培育自己的"首席执行官基因"。假以时日，他们就能自如应对各种复杂性、模糊性及不确定性，为公司创造出更大的价值。

深刻理解经商之道的重要性，有助于我们正确看待其他领导特质及技巧。比如，优秀的沟通技巧能够帮助领导者更好地激励他人，推进战略执行，赢得客户、投资人及社会大众。沟通的技巧固然重要，但沟通的内容却是由商业头脑决定的。有些年轻的领导者能够有效激励团队，并带领团队实现极具挑战性的目标，但他们是否懂得如何制定战略方向？面对错综复杂的诸多因素，他们能否果断决策，找到正确的前进道路？在执行过程中，他们能否运用自己的商业头脑，设定正确的目标及关键业绩指标？通过练习，每位领导者都能提高，但是有的领导者在这些方面，天生就胜人一筹。

其他领导特质

以我多年对优秀领导者的观察，我注意到有潜质成为公司高层的领导人才身上还具备其他一些领导特质，尤其是他们思考问题时的"大局观"。这是很多高层领导最为显著的特点。比如，首席执行官时刻关注公司外部环境变化，并且能准确预测这些变化对公司业务的影响。又如，负责营销的副总裁绝不会只看营销，而是会把营销当成公司整体的一部分，进行统筹规划。这种大局观对于有些领导者来说并不是与生俱来的，但只要他们不断提升自己，不断接触新事物，不断拓展自己的视野，就能够树立起这种管理大企业所必需的大局观。有些年轻的领导人才已经展现出非凡的潜力。相比其他人，他们能够不拘泥于业务细节，以全局性的理念来思考问题。还能够突破井底之蛙的局限，以公司整体为出发点来审视自己，以更加长远的眼光来看待自己所取得的成功。

下面的实例能够完美诠释什么是大局观。一次公司部门调整，计划把两个部门并入其他部门，由某位高潜质的领导人才统一负责。这是多数人都求之不得的事，但这位领导人才却认为不妥。她向领导表示，虽然自己非常愿意担此重任，但是从业务实质上看，这两个部门与另一个同事负责的部门更具业务互补性，应该把它们划归到这位同事负责的部门之中。在这个实例中，她把公司利益摆在个人利益之上，这不仅反映出她的优异品质，还说明她遇到问题能够从公司的战略全局出发通盘考虑。

对工作充满激情与积极进取是人们对领导人才的常见要求，年轻人普遍都有这样的特点。哪位领导会对那些工作积极努力、不懈开拓业务、业绩甚至比资深同事还要好的年轻销售视而不见呢？要是这些年轻人除了完成销售目标，还能理解领导（销售经理）甚至是上级领导（区域销售经理）的战略意图，他们表现出的就不只是激情，还有放眼全局的能力。

领导者还必须能够从纷繁复杂的信息中理出头绪，制订明确的行动计划。在多渠道收集信息及多角度设计备选方案的同时，把握事物关键，果断做出决策，有力推进实施。即使是在公司基层，信息往往也混乱不清，正确的决策并非显而易见。因此，高潜质的领导人才必须能够应对模糊性和不确定性，找出解决之道，果断采取行动。而很多人在模糊性和不确定性面前，都会不知所措，畏缩不前。高潜质领导人才能从貌似无关的因素之间看到事物的内在联系，并有很好的预见性，能把握事物发展的方向。他们能在别人察觉之前就捕捉到未来变化的端倪，从而能主动出击，而不是被动挨打。

很多高潜质的领导人才不仅能够从大量数据中分析提炼重要信息，还能很好地利用直觉进行决策。他们善于拨开迷雾，把握问题本质。他们经常运用"二八法则"，通过把握20%的主要矛盾，使得80%的问题都能迎刃而解。他们在选择梳理信息时，不仅考虑其内容，还能考虑其来源。他们能够缜密思考各个因素间的因果关系，层层推进，精准把握目标及限制条件，设计多种可行方案。即使是在决策错误的时候，他们也有后备预案可供选择。

对于商界领导来说，做决策可谓是家常便饭，因为他们必须时时平衡企业短期及长期的发展目标，兼顾股东、客户、员工以及其他各方的相关利益，既要充分考虑现实条件，又不能被现实条件束缚手脚，忽略企业的发展机会及美好愿景。有些人经常畏首畏尾，犹豫不决，因而无法担当领导企业的重任。他们往往眼睁睁地看着机会溜走，盲从强势领导，任由别人摆布。无论其思考多么有深度，这种人都无法担任企业的领导。

领导潜质的另一个重要标志，是卓越领导者对学习、成长的不懈追求，这在快速变化的当今社会尤为重要。高潜质的领导人才会抓住每一次机会积极锻炼自己，面对挑战奋勇向前，因为他们知道这是提升自己知识技能，深入了解业务、员工及宏观环境的绝佳机会。他们从不自欺欺人，承认有时自己并不知道答案，但又充满自信，因为他们相信自己能找到解决之道。他们不满足于原地踏步或是小步前进，总在不断寻求新的思想、新的思考方式。这种对学习进步永不满足的精神往往使得他们比自己的领导视野更开阔、更超前，更善于把握最新的技术动向及发展趋势。

在选拔领导人才时，千万不能忽视他们的人品和追求。优秀的领导者不能瞻前顾后，必须永远敢于坚持说真话。在面临商业利益和道德准则的两难选择时，他们总能坚守诚信，做出正确的选择。优秀的领导者还必须有一种强烈的紧迫感。在他们的成长过程中，公司会给他们安排挑战性越来越高的工作岗位不断历练、考验他们。如果他们不能坚持不懈的追求、全心投入，就很难有毅力不断战胜这些挑战。

打造公司独特的"DNA"：领导人才基因

上面所述的领导特质是每一位商界领袖所必需的，所有公司在选拔、培养领导人才时都可参照这些标准。但事实上，各个公司也应该根据自己的业务特点对领导人才的性格、技能及态度等方面提出独特的要求。这样做能够最好地满足企业对于领导人才的需求，使他们在竞争中脱颖而出。要这么做，公司必须能够知道哪些领导特质对于公司管理至关重要，还要能根据未来发展提出前瞻性的要求。

我们看到过太多企业的失败教训。他们虽然都能准确定义各自所需的领导特质，但却不能及时调整、与时俱进。因此当环境发生变化时，公司培养的领导人才却无法自如应对。比如，像

IBM、施乐、通用汽车这样的企业，在20世纪七八十年代以其优秀的领导培养机制闻名于世。但是这些公司都没能培养出最能带领企业成功发展的首席执行官。由此可见，他们的领导培养机制存在明显缺陷：从理论上看，这些机制在形式和实用性上都似乎无懈可击；但在实际操作时，这些培养机制却不能根据外界环境的变化及时调整。

面对来自日本企业的有力挑战，施乐和通用汽车的各级领导却置若罔闻，仍然以自我为中心。IBM的高层领导对业界诸多发展趋势熟视无睹，无法带领企业积极应对、成功转型。这些趋势显而易见：竞争对手的同类产品比IBM的便宜35%以上，诸如分布式计算方法等新兴技术不断涌现，软件及服务领域正在诞生很多利润丰厚的商机。IBM的高层领导往往只有某一领域的专长，缺乏大局观及商业头脑，无法帮助整个公司重新定位，走出困境。像通用电气、强生以及高露洁这样在培养高层领导方面真正优秀的企业，能够预测企业外部环境的变化，精心挑选能够适应这种变化并引领企业在变化中成长的卓越领导人。比如，早在1995年，通用电气就开始考虑着手培养10年之后发展印度及中国业务所需要的领导人才了。

各个公司培养的领导人才身上都打着该公司的烙印，即每个公司独特的"DNA"。即使是同一个行业里的不同公司，其领导人才的DNA也不尽相同。优秀的公司能够清晰地定义他们的DNA，不仅用于选拔领导人才，找到最适合公司的千里马，更重要的是用于着力打造与竞争对手不同的独特品质。在制定领导人才选拔标准时，他们会明确定义公司注重的性格特点、技能要求及能力水平。随着时间的推移，他们会对公司DNA不断进行微调，以适应外界环境的变化。当然，也有些公司采取了更激进的方式，大刀阔斧地改造公司DNA，同样也取得了成功。

伊梅尔特接任韦尔奇成为通用电气的首席执行官后，就着手逐渐改造公司的DNA。在伊梅尔特上任前的20年间，公司主要通过不同业务、不同行业的岗位历练来培养领导人才。那时加入公司的年轻人都知道自己一定会在不同行业间轮岗锻炼，因为当时公司业务范围涉及十多个行业。在韦尔奇担任首席执行官的时代，公司强调领导人才必须在管理流程、工作效率以及成本控制方面有卓越的表现。从20世纪80年代后期开始公司日渐国际化，要求领导人才也必须进行相应调整。那时公司虽然仍然强调盈利、效率及流程，但重点已经转向培养领导人才管理全球业务的能力。虽然出现了这样的变化，但公司DNA的核心仍然是运营效率和卓越执行。

为了适应新的市场挑战，伊梅尔特上任伊始就着手改造公司的DNA。此前，许多领导都是从内控部门成长起来的。他们往往具有敏锐的商业头脑，精通数据分析、因果辨析。如果还能及早展现其人际能力，他们就很可能被提拔为某个业务的一把手。但现在全球市场环境已经发生了变化，伊梅尔特认为公司当前最重要的任务是增长。他给企业制定了成长目标，即每年收入增长8%，这要比全球经济增长速度足足高上一倍。制定这样目标的原因是世界经济发展的重心已经发生了变化，中国、巴西、印度等发展中国家变成了增长的发动机。要实现公司收入每年增长8%的目标，关键在于发展中国家，因为收入增长的60%源于那里。这些国家正在进行大规模的基础设施建设，公司的产品及服务正好大有用武之地。因此，在可见的将来，公司领导人才培养工作应该聚焦于美国之外的全球市场，选拔那些能够突破地区局限、拥有全球视野，从而帮助企业快速成长的领导人才。

通用电气的企业大学位于纽约州的克罗顿维尔，在那里设有韦尔奇领导力发展中心。从那里的微妙变化就可以洞察在领导人才培养方面的变化。现在一半以上的学员来自发展中国家，培训重点除了传统的运营效率及执行管理，还包括深入理解美国之外的全球市场，以及如何通过技术及营销创新寻找新的收入增长机会。伊梅尔特认为公司未来需要的是"增长型的领导人才"。他明确制定了这类人才的选拔标准，并且要求公司各级依此进行选拔。

通用电气领导力标准

- 着眼于外,能够大力开拓市场机会,以市场地位定义企业成功。
- 思路清晰,能够推动战略落实,做出正确决策,准确表述战略重点。
- 敢想敢做,能够承担风险,推进业务创新,大胆起用人才。
- 有效激励,能够包容团结成员,使其全心投入,提高忠诚度。
- 发展专长,能够精通某个领域,从而增强自信,推动变革。

寻找高潜质的领导人才,要从招聘开始。但招聘只是起点,绝不是终点。随着他们入职时间越来越长,你对他们的了解也会越来越多,从而能够更准确地判断其领导潜质。选拔人才时难免会犯错误,比如所选之人并无领导才华,或者与真正优秀的人才失之交臂。这就要求我们对培养对象定期评估,不断进行调整,剔除后劲不足的人,让有潜质也展现出才华的人取而代之。我们应该在其职业发展早期,即招聘阶段或入职初期,就发现最具潜质的领导人才。毫无疑问,毕业于名校的工商管理硕士(MBA)们才思敏捷、思路清晰、精通数据分析以及很多其他必备的管理才能,但是他们不一定具有卓越的领导潜质。我们应当把他们看成高潜质的个人贡献者,而非高潜质的领导者。他们是重要的人才，公司当然应该招聘他们，但并不能指望他们自然而然就成长为公司未来需要的首席执行官。

反之，在分析方面有所欠缺但具有非凡领导能力的人前途却更加远大，因为必要时，其下属可以帮助他们完成分析工作。在日渐严峻的市场环境下，你必须把自己的时间精力用来选拔真正具有领导潜质及天赋的人，因为有些MBA只有高智商，没有领导潜质。我们在大学及商学院招聘时，应当对尚处萌芽状态的领导特质倍加留心。有些潜质显而易见，比如担任班长或在大学橄榄球队担任球队核心；有些则并不那么明显，比如能够有效引导小组讨论、果断决策。

学习成绩和同学评估并不能说明问题，真正卓越的领导者很少能在学习成绩上名列前茅。那些顶级专家往往沉醉于自己擅长的领域，缺乏必要的广阔视野。财务人员就是这样的例子。他们很多都是会计出身，每天只与数据打交道。其中只有极少数人能够通过历练学会如何应对模糊性，提升判断能力，把自己的专业与业务运营的本质结合在一起，通盘考虑，最终成为企业的首席财务官。在首席财务官中，能成为首席执行官的也是凤毛麟角。只有那些具备卓越的人际能力以及广阔视野的人，才能走到那一步。

从其他企业招聘领导人才也是非常重要的，因为这能使公司的人才梯队保持多样性和灵活性。尽管他们可能需要磨合才能真正融入公司，但是他们能够带来新思路，因此公司还是应当用他们来充实首席执行官之外的各级领导岗位。此举是为了引入新鲜血液，保持公司领导梯队的多样性，因此在招聘时不能只看他们在某个领域的一技之长，更重要的是看他们的领导潜质。

只要有一年以上的工作经验，领导人才就应该已经开始展现出其领导潜质。无论是公司内部培养的还是从外部引进的人才，我们都可以通过以下标准判断他们的领导潜质（具体内容介绍如下）。

✓ 如何辨识潜力领导人才

很多人自以为懂得如何识别领导潜质。他们往往看那些显而易见的特质和技能，比如分析能力、人格魅力、表达能力以及对成功的渴望。这些要素的确很重要，但并不代表有领导潜质。我们必须观察他们的决策、实际行动以及行为方式，这些才能真正表明是否具有领导潜质。

1. 他追求的目标是什么？是想担任领导，还是只满足于成为个人贡献者？

2. 他的成就感源于何处？是通过自己努力达成目标，还是愿意激励他人与人协作共同完成?

3. 他对个人专长之外的议题是否有兴趣?

4. 他是否具有商业头脑,懂得如何提升公司盈利?

5. 他是否准确理解直接领导的胜任要求,甚至是上级领导的胜任要求?

6. 他如何保证自己持续学习,不断成长?

7. 他的工作业绩如何,是否非常优秀?

8. 在塑造外界环境以及不断积极进取方面,他是否展现出强烈的追求?

9. 在就任新的岗位时,他是总带着自己的原班人马,还是喜欢与新的团队合作,结识更多背景各异、能力超群的人?

10. 他对领导工作是真心热爱,还是只是说说而已?他的追求目标是好高骛远,还是脚踏实地?

11. 他是否勇于接受挑战,愿意处理日益复杂的困难局面,并能把偶尔的失败当成绝佳的学习机会?

12. 他是否有一套行之有效的办法,帮助自己持续学习,不断掌握新的技能,不断磨砺自己的意志品质,逐步实现自己的梦想?

军队是领导人才的另一个摇篮,军队的领导力培养机制是无与伦比的。那些有从军经历，且对商业运作非常感兴趣的人，很可能成为卓越的领导者。公司可以通过面试来进一步考察他们从商的兴趣。

招聘领导人才本身就是对领导能力的考验。像很多其他事情一样，招聘过程中的成功经验和失败教训都是学习良机。缺乏招聘经验的新手，往往需要依赖明确的选拔标准。但是随着经验慢慢丰富，他们形成敏锐的直觉，能在人群中发现最具领导潜质的好苗子。经过长期的实践历练以及自我修正，他们就会成为真正的伯乐，不会错过任何千里马。随着各级领导在识人招人方面的能力不断改善，公司在这方面的整体水平也就自然水涨船高，领导人才的整体素质也会明显提升。

培养领导人才不能凭运气

很多领导者都告诉我，他们的成长全凭运气。他们有些人在职业发展的初期，就偶然间得到了上级的赏识；也有些人经历过怀才不遇的痛苦，不得不选择离开，加入新的公司。有多少有领导才华的人因为无人赏识而终生碌碌无为，有多少公司就这样错过了他们的千里马！

通用电气险些就错过了韦尔奇。他最初是在通用的塑料部门担任工程师,当时他的领导发现了他的领导潜质,并给了他一个营销的岗位。虽然挑战很大,他还是奋勇向前。他不仅知道自己有领导才能,而且非常渴望成功。因此他向公司积极争取一个全面负责某项业务的机会。但是不知道因为什么原因,他未能如愿。因此,他决定另谋高就。他提出了辞呈,公司甚至还为他举办了离职晚会。但是,公司高层有人意识到,公司不能失去像韦尔奇这样的杰出人才。于是,他与韦尔奇进行了长谈,劝他留在公司,要对职业发展更有耐心,并很快帮助韦尔奇找到了合适的岗位。从此以后,韦尔奇在每一个工作岗位上都是某项业务的一把手,其工作的复杂程度和模糊性都与日俱增。这样的历练机会帮助他提高了自己的领导能力,也让他经受了考验。

  选拔领导人才,不能听天由命,也不能刻板地遵循既有的机制流程,使公司骄傲自满,觉得公司完全有能力培养领导人才以及一把手接班人。每一个公司都有领导人才,但要打造强有力的领导梯队,公司必须首先知道如何发现人才。当然,这只是一个开始,下一章将重点阐述如何培养人才。

第4章

如何培养高层领导

有效应用轮岗培养模式要求公司必须勇于创新,为每一位有领导潜质的人才量身定制培养方案,促进他们发挥才能。公司不仅在选人时要精心选拔,在育人时也要精心设计,确保每一个岗位都能给予他们适当的挑战,让他们经受历练,帮助他们快速成长。在给他们安排工作岗位时,上级领导必须愿意承担一定的风险,因为让他们接受挑战就意味着有可能失败。

道格就是这么培养阿曼达的。道格刚注意到阿曼达时,她还是产品开发部门的工程师。通过在产品开发研讨会以及其他场合的观察,道格发现阿曼达是个难得的领导人才。她不仅在产品开发方面是一把好手,能为复杂的产品设计提出精妙的技术解决方法;更难能可贵的是,她还具有工程师身上极为罕见的敏锐商业头脑。她有大局观,能从公司整体业务的角度出发,通盘考虑不同的产品设计对营销、销售、公司利润甚至对客户利润的影响。因此，当公司欧洲业务需要一位区域营销总监时，道格决定让阿曼达试一试。

阿曼达，这位年轻的工程师，是否愿意接受挑战，去异国他乡学习一个全新的领域呢？道格后来回忆说："我们很坦诚地沟通了一次。我直言不讳地告诉她，这样做对我们两个人都风险很大。转行肯定不如干老本行那么得心应手，肯定会面临很多压力和困难。但是如果她自己有信心，那我们就不应该放弃这个机会。"阿曼达考虑了几天，向道格表示自己有兴趣，但还需要与其他主管沟通，深入了解一些相关情况。她的问题既具体又深入，让道格更加坚信她能够战胜挑战。

这是3年前的事了。从现在的结果看，道格选择阿曼达是完全正确的。虽然上任之初阿曼达还有些紧张，但她没有就此退缩，在业务上满足于萧规曹随，在个人成长上满足于原地踏步，反而是以巨大的热情投入工作，每天充满活力与创意。她花时间深入了解她在欧洲的大客户，并成功促成了技术与营销部门之间的紧密协作，两个部门的同事有时会一起去拜访客户。她彻底改变了欧洲产品开发人员"只要技术过硬，就能卖得出去"的固有理念，帮助他们认识到"客户需求决定技术选择"，因此他们的工作方式也必须转变为根据既定价格和成本要求设计产品。改造根深蒂固的部门文化对阿曼达的领导能力是一次严峻的考验，但她经受住了考验，并取得了巨大的成功。此外，她主导的大刀阔斧的改革还帮助公司的欧洲业务大幅提高了销售收入、利润水平以及市场份额。

阿曼达是在她的职业生涯早期就有幸得到机会，在专业之外拓展自己，这对她本人而言是一次重大的突破。同时，公司也收获了一位经过实践历练、得到快速成长、可以胜任更艰巨任务的领导人才。倘若公司在人才培养方面因循守旧，阿曼达还能这么幸运吗？

传统的接班人及领导力培养模式不敢冒险，不会把领导人才放到其专业之外的领域接受锻炼。那些公司循规蹈矩，让领导人才依照传统，按部就班的缓慢晋升。如果阿曼达不幸在这样的公司工作，那么她的发展机会一定还是局限于在技术部门。这样的渐进式培养方式，无法让领导人才接受足够的挑战和历练，很难帮助他们将来胜任高层领导的工作岗位。此外，这样刻板的晋升路径也会迫使真正有才华、有抱负的人离开公司，另谋高就，寻求更为广阔的发展空间。在传统人才培养模式下，像乔布斯⊖这样的商界奇才从基层干起，有可能最终走上最高领导岗位吗？估计在那种环境，他早就沮丧地辞职了。

⊖ 乔布斯全名为史蒂夫·乔布斯（Steve Jobs），是苹果电脑的创始人之一。——译者注

量身定制化的人才培养模式不仅能为公司培养更多的高层领导后备人才，而且能极大地提升每一位领导的全面素质。当需要挑选新的首席执行官或其他各级领导时，采用这种培养方式的公司会欣慰地发现，自己的领导人才储备数量大、质量高，使得公司实力大为增强，组织灵活性大幅提高。

要敢于破格提拔

高潜质领导人才经常会以突飞猛进的方式成长，因此他们的职业发展路径也必须能创造出足够的成长空间与此相适应。他们的工作岗位应该在职责范围及复杂程度上一下子增加好几个量级，这样才能激发他们全部的潜能，充分发挥各自的聪明才智，在迷雾中找到前进的方向。比如说，当原来负责营销的副总裁升任该业务部门的一把手后，他就必须以新的角度审视外部环境、应对未曾经历过的模糊性和不确定性、拓展思路寻求新的成功方式。他还必须能够清晰分析自己的处境，从新的渠道获取信息，与方方面面建立起良好的关系。如果能战胜挑战，他在这个过程中不仅学到了新的技能、拓展了视野，还增强了应对各种艰难局面的自信，从而更愿意接受挑战来历练自己。这样的历练有助于他磨砺性格、提升能力，为迎接更大、更复杂的挑战做好准备。

第 4 章 · 如何培养高层领导

我从很多成功的高层领导身上看到了这种突飞猛进式的成长，比如通用电气的韦尔奇和伊梅尔特、英特尔的格鲁夫⊖、高露洁的鲁本、戴尔电脑的戴尔、雅芳的钟彬娴⊜以及 Verizon 电信的塞登伯格⊜。他们无一例外地都能从广度、深度两方面拓展自己的视野、快速深化自己的商业理解，并且迅速提高自己的判断能力（见图 4-1）。这也从一个侧面证明为什么有些领导在相对比较年轻时，就获得了巨大的成功。

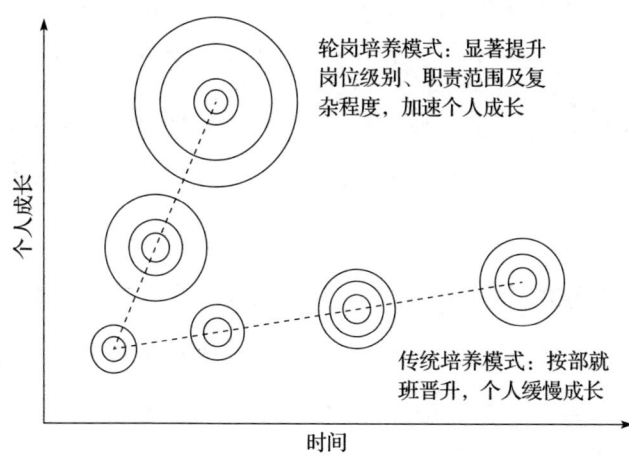

图 4-1　轮岗培养模式如何加速领导人才成长

⊖ 格鲁夫全名为安迪·格鲁夫（Andy Grove），是英特尔公司的创始人之一。——译者注

⊜ 钟彬娴女士（Andrea Jung），是雅芳全球董事会主席兼首席执行官。——译者注

⊜ 塞登伯格全名为伊凡·塞登伯格（Ivan Seidenberg），是 Verizon 电信的首席执行官。——译者注

大众银行[一]是波多黎各最大的商业银行。该银行的首席执行官理查德·卡利安就是有领导潜质的人才通过飞速成长取得成功的绝佳案例。虽然大众银行的领导人才培养方式还没有像轮岗培养模式那么严谨、那么成体系，但是卡利安自己所经受的历练过程，正是培养有领导潜质的年轻人所需要的。

卡利安的家族经营这家银行已经好几代了。卡利安起初并未打算继承家族事业。但将门无犬子，他研读财务、会计、信息系统管理，并取得了硕士学位。暑假的时候，他进大众银行实习，一待就是30年。刚开始的时候，他凭借自己的专业技能梳理、优化银行运营。之后，他的职责越来越多，他渐渐发现自己的下属在很多议题上要比自己懂的还要多。他说："在我自己领导能力成长的过程中，这是第一个关键性的飞跃。我第一次认识到有些时候领导并不是最精通某个领域的专家，但是却要为最终的决策负责。因此领导必须提出正确的问题、发掘卓越的人才、授权给真正的专家。要做到这一点很不容易。"这就是卡利安的领导力第一课。

第二次飞跃出现在1987年。当时，卡利安正在负责一项重大的组织再造及流程优化项目，目的是打消大众银行日益成功

[一] 大众银行（Banco Popular），在对公业务及对私业务方面在波多黎各都是首屈一指的。——译者注

的同时日渐自满的不良情绪。这是一次巨大的挑战，因为他必须设计改革方案，思考如何推动实施，并真正落实改革意图。当人们抗拒变革时，他认识到是否能取得成功取决于一项自己未经历练的能力——说服能力。他需要让员工们信服，这次变革是必需的、正确的。

他说："这对我很难，因为我认为自己一到大庭广众之下，就不能很好地表达沟通。直到今天，我仍有这样的感觉。当时我深入基层，与各个地区的员工面对面地沟通，帮助他们理解变革的必要性。开会时，我会把几个重要的数据贴在墙上，并告诉他们，'这是我们5年的目标。要达成这些目标，我们大家必须专注这些工作'。"

这次组织变革促进了大众银行在1989年完成了一桩重大收购。当时波多黎各的金融业正在处于行业整合阶段，此举成功帮助大众银行巩固了其市场领导地位。这次收购充分考验了卡利安与公司外界沟通协调的能力。他回忆道："我原以为并购只是两个公司的事，完全出于经济利益考虑，主要目的是使双方股东都收益。但是后来我认识到，收购远不是这么简单。其实收购前景还存在着很多不确定性，比如社会大众以及监管部门当时都心存疑虑，该收购案是否能获得批准还是未知数。为了促成并购，我必须学会如何与社会各界进行沟通，让人们相信两家银行的结合能取得成功,能创造出一家更强大、更具竞争力的金融机构。"

收购案最终获得了批准。卡利安还没来得及松一口气,新的考验又接踵而至。他说:"怎样才能把两家银行整合起来、真正融为一体,对我来说还有很多东西要学。"于是他开始在实践中边做边学。

他接着说:"我必须想办法让两种不同的企业文化真正融合起来。有些时候,我必须做出痛苦的取舍,比如只能选择被收购银行的某位主管,而舍弃我原来银行中表现优秀的人才。这些决策考验着我的价值观以及自信心,帮助我专注于做正确的事情。两家银行的业务经过精简整合后,意味着必须把两家原来相互独立的决策机制纳入到一个组织架构中,即对领导岗位也进行相应的精简整合。我必须尽快且妥善安排每一个岗位,同时必须兼顾每一位领导的自尊心,不让优秀人才在收购重组的过程中流失。与此同时,我还必须保证公司的正常运营。那时的感觉就像是边开车边换轮胎。"

卡利安坚持不懈地学习提升自己,他善于从实践中总结经验教训,提炼行之有效的思维模式及指导原则,便于今后反复应用。他说:"几年之后,我们又收购了一家银行。这次就已经非常得心应手了,很多事几乎是习惯成自然。"自此之后,卡利安借助一系列的成功收购,帮助大众银行迅速扩张,甚至成功进入了美国市场。

当然并非每个人都能像卡利安那样快速掌控局面，每个人的心得体会与他的也会不尽相同。对他来说，每个新的挑战都是不同层面的考验。这些挑战迫使他充分调动自己的一切潜能，让一些原本连他自己都不知道的天赋，也获得机会充分展现。经过多种多样的历练，他的领导能力突飞猛进，日趋精湛。今天，他在波多黎各已经成为广受尊敬的商界领袖。此外，他还担任了Verizon电信公司的董事。该公司就是凭借两次成功的大型并购起家的，卡利安的成功经验无疑会对公司发展大有裨益。

那么如何把握分寸，防止破格提拔变成揠苗助长呢？如果这个挑战对于领导人才及业务发展都风险过大，公司就得谨慎思考，万一不能经受考验，公司是否能承受失败的后果。最近我看到一些公司在接班人培养方面有揠苗助长的倾向。这些公司为了增强高层领导的后备力量，让他们接受历练，让那些完全没有做好准备的人担任要职。弗兰克就是这样的例子。他原来是某公司的首席战略官。董事会认为他聪明过人、精通业务，有朝一日也许能成为首席执行官的接班人。的确，公司上下除了现任首席执行官，没人比他对业务懂得更多。但是他一直在职能部门工作，没有管理业务部门的经验。于是董事会决定让他全面负责北美业务，在实践中成长。当时北美业务困难重重：财务状况令人担忧，市场竞争也尤为激烈，如火如荼的价格战正在上演。但北美业务对公司整体业绩至关重要，必须扭亏为盈，蓬勃发展。公司董事会和首席执行官决定让弗兰克一试身手。

可是在此之前，弗兰克管理过的部门都比较小，从未超过100人。面对北美业务这么大的摊子，他既缺乏正确的思维模式，也缺乏必要的领导能力。在运营管理中，他不知道如何选拔、培养优秀的人才，无法树立威信。他无法发动群众共渡难关，而且他的业务决策也有失偏颇。最终弗兰克被撤职，公司的首席执行官也被迫离职，但是公司蒙受的损失已经难以挽回了。在短短两年之内，公司在北美地区的市场份额由20%跌至15%，现金流入不敷出，公司债券也沦为垃圾级债券。之后的几年中，公司一直都深陷泥潭，没有翻身。

这的确是一次旨在人才培养的破格提拔，但这是在错误的时间、用错误的岗位、对错误的人进行的一次错误的考验。

量身定制成长路径

在岗位选择上，轮岗培养模式与传统领导培养模式截然不同。很多公司遵循传统方式，以岗选人。而轮岗培养模式恰恰相反，会为领导人才量身安排工作岗位，为他们选择最适合的岗位，必要时调整现有的岗位，甚至是打造新的岗位。岗位的职责设计尤为重要，因为这决定了他们是快速成长，还是停滞不前。你必须目的明确，清楚地知道要重点考察哪些方面、培养哪些能力。这意味着，你必须先深入理解高层领导必须具备哪些能力，准确了解培养对象们目前具备哪些能力，然后才能富有创意地选择岗位，帮助他们获得必要的锻炼，在工作中学习提升。

即使是在同一家公司、担任类似职务的两个人，也可能有不同的岗位安排及发展道路。韦恩和伊莲就是这样的例子。他们都是全球品牌经理，工作业绩都非常出色。韦恩能够得到领导的垂青，是因为他虽然只负责营销职能，但是已展现出业务主管的潜质。他视野全面，能够与遍布世界各地的业务经理们建立良好的关系，全力以赴地帮助他们取得佳绩。虽然当时他还很年轻，但在他身上已经能看出胜任首席执行官所必备的特质。因此公司很快便让他去某个国家，全面负责那里的业务。这个地区规模较小，经营也比较简单。他的任务就是优化业务模式、提升经营业绩。接着，公司把他派到了德国。那里的业务不仅规模巨大，而且市场环境及客户群体都非常复杂。同时他还必须改变当地根深蒂固的企业文化。虽然工作难度大幅提升，但上级领导对韦恩很有信心。如果他能再次证明自己，公司计划给他更大的挑战，让他负责整个欧洲业务。

韦恩的同事伊莲在担任全球品牌经理时，表现也很出色。几年之后，有些领导认为应该让她像韦恩一样，去某个国家，全面负责那里的业务。但是深思熟虑之后，他们认为伊莲和韦恩并不一样。他们发现虽然伊莲在营销方面能力出众，也能与研发部门建立良好的协作关系，但是她的思维模式完全从营销角度出发，在工作中造成一些不必要的摩擦。伊莲是否具有敏锐的商业头脑，优秀的人际协作能力，是否能够成功管理某个国家业务，还是个未知数，因此领导们也是心存疑虑。若在以往，最后肯定还是会派她去，让她试试。但是现在不同了，公司要用更适合的方式来培养她，帮助她更好地发挥自己的才华。于是公司没有派她去管理某个国家的业务，而是为她在营销领域安排了更具挑战性的工作。

每一个工作岗位都应当能够帮助这些有领导潜质的人才充分发挥既有特长，同时还应当能考验他们是否能够学习新的技能，从而更深入地考察他们的潜质与品质。如果要考察某位领导人才在面对模糊性及不确定性时，是否仍然能够保持乐观精神、愈挫愈勇，就应该让他去处理危机，考察他如何应对困境、如何解决各种棘手的问题，比如员工士气低下、骨干纷纷离职、竞争异常激烈以及资金快速耗竭等。当然要把握分寸，不能重复弗兰克那样的错误。

培养"首席执行官基因"尤其必要。领导人才必须精通经商之道，由易到难地锻炼自己的业务管理能力。驾驭复杂局面意味着必须能够全盘考虑诸多纷繁的因素，比如汇率波动、技术发展、政策业务及财务等各类风险，还必须能够在重重迷雾中理清头绪，洞悉各个因素间的内在联系，最终找到解决之道。从基层领导到首席执行官，其管理的复杂程度要跨越四到五个数量级。应该由易到难逐步提升，绝不能奢望一步登天。历经难度不断攀升的长期锤炼，真正有领导潜质的人才就能准确把握业务本质，形成敏锐的直觉，达到胜任首席执行官的要求。这就是第2章重点阐述的"同心圆学习模式"。如何秉承这种培养理念，帮助领导人才设计安排最适合的工作岗位，就成了关键所在。

尽早全面负责，对于培养首席执行官基因非常关键。凡是具备领导潜质的职能管理人员，都应该获得这种机会。一些职能管理人员在一个封闭的职能部门中升迁，只有晋升到接近高层的时候，才会被首席执行官或者董事会注意到。此刻，把他作为首席执行官或者高层领导的接班人已经不太可能，因为他没有被培养出首席执行官的基因。直觉和判断力不是一蹴而就的，它们需要经过长期的业务实践锻炼和同心圆学习来培养。这也是首席执行官候选人很少来自于信息技术、人力资源、财务、法律或者战略规划部门的原因。具有领导潜质的策划人员，应该让他们在专业发展的最初 5 年就派驻到业务单位接受锻炼。就算他们以后重新回到职能部门，曾经负责全面经营业务的经历，也能促使他们在业务部门有更好的表现。

领导者应该尽早在更大、更复杂的组织中锻炼他们的人际技能，准确判断部门外的其他人管理跨部门团队、激励不同文化背景的员工都是领导者锻炼与建立其核心能力的好机会。担任职能管理人员的领导者，习惯于从自己的专业角度提出建议。但是，为了培养他们的人际技能，必须让他们有机会锻炼社交能力、获得人际交往的方法和技巧，他们也需要练习果断地选择正确的前进路线。今天，对于许多领导人而言，应对全球化市场下变化多端的挑战是必备的能力，因此领导者必须接受多元文化，遥控管理在其他国家工作的下属不太可能。身在纽约，却遥控中国大陆的业务，和亲身到中国大陆经营业务是全然不同的经历。领导者必须亲身进入外国的社会文化环境中，体验如何应对不同文化和利益相关团体，例如政府部门、非政府组织以及对公司业务有越来越大影响力的特殊的利益团体。

在确定有潜力的领导人才必须获得的锻炼学习经历之后，公司应该寻求以创造性的方式为他们提供这方面的锻炼机会。例如，对于全面负责业务的经理来说，有许多种方式让他担任营销主管，例如负责某个细分市场、某个品牌或者某条产品生产线的全部责任。像宝洁公司这样的消费性产品公司大多采用这种方法，而获得显著成功。采用这种方法，领导者并未获得所有职权和承担全部责任，但他可能负责某个品牌的盈利状况和品牌的健康性。因此他必须跟踪并努力去管理、影响该品牌获利能力和品牌提升的多方面因素，例如存货数量、产品品质、价格策略、顾客满意度、人口结构、产业趋势和大客户关系（如沃尔玛）。担任这类职务的领导者也必须学会如何与其他部门团结协作。生产型企业往往把负责盈亏的责任分解到工厂和厂长，因此，厂长往往最熟悉成本、存货和定价的关系。公司应该尽早把生产部门有领导潜质的人才调往能够学习营销、业务增长和市场竞争的岗位，让他们接受这方面的锻炼。

最佳的职务调动不一定是升迁，也可能是平行调动到一个新的业务领域甚至是调往级别稍低的职务。但不论何种形式的职务调动，首先都必须让领导者接受更大的挑战。这里所讲的职务调动，并不是指在同一部门中的调动，而是指调往不同地区的相同部门，让他在不同环境中应用完全相同的专业技能——例如成本控制。这种类型的职务调动，无法拓展领导者的个人能力，例如在不同单位从事成本控制工作。有一位领导者，他管理的每个业务都是通过提高价格来增加收入，但他从来没有在一个职务上工作太久以等到结果的显现。后来，当他担任高层领导职务后，以前决策带来的有限增长终于产生了不良后果，他的职业发展也到此为止。

平行调动的主要目的，不是让领导者学习另一个部门（如制造部门）的专业性知识，或是精通这项业务，而是学习如何把这个新部门和他原来的专业结合起来，使他更加善于从整体来看待业务。因此，主要挑战是学习从不同角度看待各类业务，学习换位思考。领导者不应该被一个新的部门完全同化，仅从这个部门的角度看问题，否则，他的视野还是一样的狭隘。如果一位财务部门的领导者被调往生产部门，他不应该盲目服从生产厂长，学习管理工厂的各方面知识，而是要想方设法把他的财务专长和从生产部门学到的知识整合起来。当领导者把他从两个部门学到的知识综合运用起来时，往往能够产生全新的认识和创新的思路。例如，他可能发现制造流程的某个环节如果进行优化将对现金流产生正面的影响，却不会导致在需求旺盛时期存货不足，这样的突破性思考可能同时改善制造和财务两个部门的工作。

学习的每一次飞跃，并非都是来自一个新的职务。一些采用的公司通过让有潜力的领导人才参与任务小组的方式，使他们获得全方位的锻炼。伟彭医疗保险公司[一]是全美最大的医疗保险管

[一] 美国 Wellpoint 公司，又译为康典公司。2010 年世界 500 强排名 100 位。——编者注

理公司之一，年销售收入超过500亿美元。公司派遣有领导潜质的人才参加雄心勃勃的"2010计划"中的项目，以此锻炼他们。这些项目需要应对公司面临的各种重大问题，其中有些涉及盈亏指标。这些有潜质的领导者都有自己的导师，公司指派一位人力资源部门负责人管理这项人才培养计划。公司高级副总裁兼人力资源部门负责人布朗表示，这项人才培养计划为公司带来两大贡献：第一，我们完成了那些重要项目；第二，我们由此锻炼和考察了这些有潜力的领导者。这些领导者的年龄相当年轻，都在20多岁到40岁出头。

去年，我出席了简柏特公司为期一天的董事会会议，该公司专门提供业务流程外包管理业务。那天的议程包括兼并收购的接班人问题，战略发展、人才培养的新思路和在公司高速成长中增强人力资源部门能力等议题。让我吃惊的是，某家私募基金的首席执行官作为股东出席董事会会议时，竟然带了4位年轻新秀。他说他有这样做的习惯，因为让这些年轻人参加议题广泛和严谨求实的讨论会有助于他们快速成长。他坚信，让这些年轻人尽早参与分析这类议题、出席会议和偶尔参加会议谈论，可以让他们有机会学习资深领导者在会议中表现出的真知灼见、深刻洞察以及提出关键问题的能力。

有时候，职务调整带来发展的机会。当一家大型制造企业改变其经营策略，从一个强调低成本的日用品制造商，转型为向行业客户提供有价值的解决方案的供应商的时候，首席运营官面临大量的新挑战。他必须更好地理解客户并预测他们的需求，他必须改变自己的思维方式并确保其他人也改变。销售人员不再只是等待订单，而转型为市场信息和创新想法的源头。他们必须和制造部门密切合作，以便提出可行的解决方案和合理的成本。改变营销部和制造部的关系，对一位曾经依赖成本控制取得成功的领导者来说是一个巨大的挑战。而且，他必须想方设法评估销售人员的专长，这是他过去经验所欠缺的。他领导的转型是否成功，不仅影响公司的业绩，也影响他能否成为首席执行官的候选人。首席执行官认真考察了他和这项工作的需求，认为他能够成功领导这次转型。目前看来，这个决策似乎是正确的，首席运营官的确胜任了新的工作，改变了自己的思维模式，更加关注客户和创新营销手段。

清除成长中的障碍

无论领导人才培养计划多么完善，仍然会面临重重组织和操作的困难。你必须创造性地想方设法帮助他们越过障碍，实现成长。

很少有公司能够找到为有潜力的领导人才提供理想的学习机会的完美职务。如果这个职务现在还不存在，公司可能必须改变某些职务的权责划分，甚至改变部分组织结构，例如可能把几个地区合并为一，以考验他的管理能力。公司可以通过创造性的培养思路和方法使有领导潜质的人才获得持续发展。

最大的挑战之一是，让一位干得很好但缺乏发展潜力的领导者让出现有的岗位。这种情况必须小心处理，每一位领导者都应该得到重视和尊重。在一个完善的轮岗培养模式中，持续评估和反馈有助于领导者更现实地看待自己的发展前景。当一些现任领导者被调离岗位，为有潜力的领导人才提供发展机会时，他们仍然可能感到不受重视，甚至可能愤愤不平。没有比和他们面对面地讨论职务调动更困难的局面了。缓解矛盾的方法之一是，向他们承诺新的职务有助于他们的发展。在大多数情况下，他们都能够在新的职务上重新焕发活力，取得新的成绩。无论如何，高潜力领导人才的培养都应该优先考虑，因为他们代表了公司的未来。

在派遣有潜力的领导人才担任新职务时，你可能遇到该职务上级领导的质疑。在这种情况下，你必须弄清楚原因何在。我知道一家公司，在调任一位有潜力的领导人才之前会认真评估他和新的上级领导能否相处愉快、能力互补。有时候，上级领导质疑潜力领导人才是因为他们不愿意冒险接受知识和能力尚未得到锻炼的人才，或者是他们担心雄心勃勃、开拓进取的年轻后辈"功高盖主"。

反之，现任领导者不愿意让手下某位潜力领导人才调任新职，因为他们不愿忍痛割爱。例如，领导者可能想隐藏人才，不想让公司注意到他。这种行为类似于一位领导者有"小金库"，生怕被其他单位分享。

公司绝对不能姑息这种行为。领导人才的部署与发展是公司的优先重点，每一位领导者都必须了解并严格执行。这是公司核心价值观的体现，任何人不严格执行，都不配做一个称职的上级领导。如果你发现，领导者积极选拔和培养有潜力的领导人才的状况没有得到显著改善，或者发现他们似乎隐藏有领导潜质的人才，那就意味着公司的人才政策执行有问题。采用开放的职务空缺公告制度，让全公司的所有领导职务空缺透明化，将有助于减少人才隐藏问题。造成该问题的原因，可能是他们存在抑制下属发展的狭隘心理（"武大郎开店"的心理）。

高层管理人员必须全身心地投入领导人才的培养，督促和鼓励各级领导以新的心态和有效的方式去实施。这种情况不会自发产生，高层领导必须一再重复，让"全员育人"的理念深入人心。

有时候，领导者的发展障碍源于自己，对此，经常地情况是，领导者自己不想迈出下一步大的跨越，因为新职务可能需要他们举家搬迁。或者虽然领导者自己希望有好的职业发展，但他的配偶也许有不同的优先考虑，例如配偶本身的职业、社会关系、孩子的教育等问题，这些可能比家庭收入的增加或者职务的提升更加重要。

有些工作地点缺乏吸引力，即使是非常有雄心抱负，热切期望在新环境中锻炼自己的领导者，可能也不愿意去那里工作。你能否在这位领导者目前居住地附近或者其他有吸引力的地点为他找到具有挑战性的职务呢？如果你发现领导人才库中很多人拒绝前往某个地点担任新职，这就意味着可能不是人的问题，而是那个地点的事业本身有问题，必须有所改变。我知道的几家公司就遇到了这种问题，并因此做出了调整。渴望升迁的领导者可能不愿意接受平级调动。公司和个人都应该了解经过精心评估后的职务平行调动有重要的价值与意义。随着全球化的加速发展以及更多的公司采用矩阵制，将有越来越多的职务平行调动。

其实，领导人才发展路径上的某些障碍是无法克服的。举例来说，某家公司为首席执行官接班人呼声最高的乔恩规划职务调动。乔恩在欧洲业务领导上表现出色，现在首席执行官和董事会希望他领导更大的北美业务，作为首席执行官接班人的最后一次锻炼。但是乔恩自己并不想担任首席执行官，也不希望这项职务调动。他知道北美业务部门充满政治问题，而且，他们全家人都在欧洲深深扎根。这样，首席执行官和董事会就必须处理一个棘手的问题：乔恩目前担任的欧洲业务领导者对其他首席执行官候选人是非常重要的历练，由于乔恩自己不想竞争首席执行官一职，因此他必须放弃该职务，让其他可能的首席执行官候选人担任。乔恩最终选择离开公司，担任另一家欧洲公司的首席执行官。原公司让另一位可能的首席执行官候选人掌管欧洲业务，获得锻炼机会。

宽容失败

无论你的人才培养计划多么严密，都必须让领导人才有机会自由发挥，以获得成功（当然也可能失败）。如果一位领导人才从未失败，那么他的学习经历是不完整的，这样的考验也不够有效。应该把领导人才置身于符合以下三项条件的环境之中。

- 给予他们为实现远大目标而重新定义工作内容的自由。领导者不满足于接受现状，他们希望重新制订工作计划，有针对性地制定个人和业务目标，以实现个人和公司的理想。上级领导必须了解并接受这些，但也不能让他们毫无节制，导致培养计划遭受挫折。双方必须认真分析达成双赢的可能方案。

- 让他们自由选择，用最适合的方式领导团队。独立做出人事决策，激励团队达成目标。应该让领导者自由的想方设法快速提升团队素质，但前提是不能破坏和中断有连续性的工作。

- 给予他们平衡业务的短期发展与长期发展的自由。公司当然期望每个人都能够完成当期目标，但在制定这些指标时，应该共同协商。领导者或许有一些未来的构想，希望现在进行一些必要的投资，为长远发展奠定良好的基础。领导者会根据自己对大势的判断，做出这类决策。即使大势发展与原先预计的不同（例如经济萎缩），这位领导者还是能够在应对环境变化带来的短期挑战中得到历练，有所收获。

让未经考验证明的领导者获得如此大的自由，有些人会感到不放心。但是，当公司严谨地评估其领导潜力，周密地考察他在新职务上可能的表现，通常这位领导者将会获得成功，并学有所成。不过，允许领导者有失败的空间，也就意味着有些人的确会遭遇失败。你应该把那些失败看成是改善人才识别和培养方式的机会，并总结失败的教训：是领导者和培养机会的搭配上出了错吗？也许是这位领导者表现出了推动业务增长的能力，但是却被调任到一个负责控制成本的岗位；或者他不喜欢外国的文化环境，却被期望去适应异国文化；或者因为他表现出了强烈的欲望和干劲，使得公司让他职务调动幅度过大。领导者总是不断追求更大挑战，追求个人成长和新挑战是领导者的典型特征。但公司要认真辨别，领导者表现出的强烈欲望与干劲，是为了谋求职务升迁，还是获得学习、锻炼与成长。

在领导者职业发展道路上，失败并不一定是终点。许多人在某个职务上失败，但被调任到另一个更适合其才能的领导职务上却很成功。每一个职务的表现可以展示出领导者更多的信息。轮岗培养模式充分利用这些信息，调整他的发展路径，提供更有效的指导，决定下一个最合适的职务。领导者的上级必须努力帮助他在新的职务上发展成长，上级所扮演的导师角色是下一章要探讨的主题。

第5章

上级领导的关键作用

在轮岗培养模式中，领导者如果仅仅是完成财务业绩指标，那么他还算不上称职，他应当同时培养出未来的领导者。每一个上级领导都是导师兼教练，必须投入大量精力帮助有领导潜质的人才成长。

为什么培养领导人才是上级领导的重要职责之一呢？因为他们处于观察人才的最佳位置，可以通过观察人才的各方面表现来提出问题、给予建议，使他们专注于做正确的事情。上级领导的日常工作之一就是提供反馈、精心指导，这和管理预算、推出新产品一样重要。上级领导和他们之间的每一次互动都是帮助他们持续强化练习与成长的机会。

上级领导代表公司观察和收集有领导潜质的人才的重要信息，并时刻关注：他在这个岗位上到底学到了什么真本领？当你把一位领导人才放到一个跨度很大的新岗位时，你希望看到他在不熟悉的新环境中获得显著发展与成长。但是，并非每位领导人才都能实现这种期望的跨越，他甚至有可能展现出意料之外的才能。上级领导正好可以观察到他的表现，准确判断他的基本素质，发现他真正的领导潜质。

直接上级领导和其他领导应该定期抽出时间，集体讨论和分析这位领导人才的行为方式、决策模式和工作状态等。通过经常的讨论和分析，才能清楚了解领导人才是否在正确的轨道上发展，使得公司能够根据每位领导人才的最新发展来筛选与更新公司的领导人才库。这也是一项很重要的评估机制，可以防止在培养过程中拔苗助长。同时，这也是领导人才培养过程中的集思广益，与领导人才的发展路径密切相关。

上级领导在领导力发展中扮演关键角色，这是与传统角色的重大差异。之前，即使他们认为有责任培养领导人才，也事实上大多流于形式。公司没有要求他们做好这项工作，而且他们也未必懂得如何做好。高层领导和人力资源部门需要清楚领导力发展的重要性，同时建立检查评估领导人才培养的机制。对此，一般的年度绩效考核并不适用。绩效考核主要是检查已经发生的业绩表现，从而决定相应的报酬，这是在事后判断领导人才完成了什么，而且通常是采用量化的指标。上级领导如果只根据业绩考核来判断，就很少能够超越现有业绩考核机制，深入分析领导人才是在什么样的情况下完成目标，或者未能完成目标，也没有分析清楚他是如何完成目标的，业绩考核几乎从未关注领导人才的天赋与潜质。

如果上级领导能持续精心反馈，定期检查评估，领导人才的成长速度将会加快，并避免"拔苗助长"的现象。

作为导师的上级领导：辅导关键点

最好的上级领导是顾问和导师，他们奉行中国的古谚：授人以鱼不如授人以渔。作为导师，他们帮助领导人才在现有岗位上展现才华、拓宽视野，当发现领导人才成长遭遇阻碍，或者面临新的机遇时，他们会立即给予反馈和建议。这种非正式的及时指导，比正式的绩效考核有效得多，特别是当这种指导一再强化领导人才需要着重提升的某项能力时。刚开始，有些上级领导会抱怨这项工作耗时太多，但其实是方法问题，而不是时间问题。通用电气的首席执行官杰夫·伊梅尔特说，他每天都花精力考察公司的175位高管，评估他们适合担任什么职务、能做好什么工作、谁必须尽快调往另一职务。当认真观察和精心反馈成为一位领导者的日常工作时，他就会自然而然地习惯，而不是看作是额外的负担。善于吸引优秀人才的上级领导也常常能够提升他们自己的领导能力（参见"上级领导如何做好导师"的介绍）。

　　基于一个清晰而具体的培养目标，轮岗培养模式把领导人才安排到特定的岗位。上级领导必须清楚公司对领导人才的培养要求，同时，也要以开放的心态全面地看待他，发现他尚未开发的个人特质。上级领导应该洞察到是否有一两个事项能够促使他加速成长，这就是他应该持续强化的练习项目，也是上级领导应该重点关注和精心指导的内容。许多上级领导希望帮助领导人才改善个人特质，但这其实超出了领导的能力。一个领导人才的行为和态度固然重要，但商业能力和人际能力却更为关键。

✓ 上级领导如何做好导师

　　1. 把发现和培养领导人才作为自己的一项使命，甚至是一生的重要职责；想尽千方百计帮助他们成长。

　　2. 深刻了解这位领导人才，定期回顾自己的观察，准确识别他的天赋，了解他的才能是否得到全面发展。

　　3. 找出一两项关键项目，通过改进这些项目就能加速这位领导人才的成长。

　　4. 在提出反馈时，要及时、坦诚和直接，但也要注意方式方法。

> 5. 提出尖锐的问题，以拓展接班人的视野、启发新的思路，加深其对现有工作的深刻理解。
>
> 6. 即使这位领导人才已经不再担任他的部下，仍然继续跟踪并帮助其获得成功，为其每一步成功感到骄傲。

上级领导都知道，即使学会最简单的利润表和资产负债表，也能提高商业洞察力，丰富商业知识。上级领导应该关注商业的多个层面，包括识别和抓住机会、化繁为简、觉察旧的盈利模式已经过时、发现新的盈利模式、评估风险、平衡长期和短期利益、理解不同财务指标之间的关系，并评估领导人才在以上方面做得怎么样。

上级领导几乎每天都能够观察到领导人才的表现，比如，如何激励他人、培养下属、建立团队。有助于提高领导能力的具体项目包括：识别他人的才能、有效沟通、化解冲突、畅所欲言、诊断内部团队协作问题、知人善任等，所有这些都需要长期锻炼，形成直觉和判断力。

上级领导应该观察这些能力是否得到发展，以及他的判断力是否得到改善。切记，个人特质和心理因素可能影响以上两个方面的发展。例如，领导者必须能够促使人们团结协作、提高绩效。对于一个销售团队，设计激励机制是一项必备而且重要的技能，选择和设计绩效指标、设定目标都很重要，领导者必须综合运用这些能力，设计出一套系统的激励机制。设定具有挑战性的目标可以激发团队潜力，但好高骛远，就难以实现目标。如果奖励业绩优异者，同时也奖励业绩平庸者，问题就更为严重。激励方案必须激发人们表现出期望的业绩行为，迅速产生结果。

上级领导必须留意领导人才是否能运用多种方式影响他人，比如，使冲突显现出来，并且建设性地来解决它。他的所作所为是否有助于建立信任与尊重，他能否准确地识别出团队中的"害群之马"，他是否敢于处理破坏团队和谐的人，上级领导必须关注他能否判断冲突所在，能否勇敢面对自负的团队成员，能否识别不合适的团队成员。

关注商业能力和人际能力，并不意味着忽视具体的行为、态度、情绪和价值观。一些人认为这些是无形的，其实不然，它们是可以观察到的客观事实。行为、态度、方式、价值观具有长期的稳定性，它们影响领导者的决策和行动。上级领导应该关注领导人才的各种技能是如何整合的，以及他的个人特质和心理因素是如何影响他们的。例如，乐观的天性如何影响领导者做出销售预测？如果销售预测脱离实际导致存货过多，而使公司不得不降价销售，这可能会削弱公司品牌和营业利润。为了追求新的机会，冒险的天性发挥什么作用呢？从这个倾向可以预测未来公司的命运。雅虎曾经有机会以几十亿美元买下Google，但是雅虎的领导者不敢下注，这是一个生死攸关的决策，毫无疑问，在这项决策中领导者的风险偏好影响了最终的决策。

领导人才如果在某个领域的判断力较弱，作为导师的上级领导应该帮他找出原因，予以改进。例如，在资源分配方面他可能一再犯错，把过多的资源分配给成长缓慢的产品线，而更有发展前景的产品线却获得较少的资源。这可能是因为他被某位善于游说的人所蒙骗，或是被曾经业绩卓著的"老臣"胁迫。导师应该帮助他及时发现这些问题，让他觉察自己的弱点，使他从盲目自大中变得清醒，更加理性地进行资源分配。这将有助于他改善在其他领域中的决策，显著提升自己的能力。

在设定目标时，他是否做出了正确的权衡，选择了合适的人员，并且激励他们提高自己的能力，他是否清楚自己成长的瓶颈何在？这些都是上级领导应该考虑的问题（参见"上级领导工作清单"）。

有时候，上级领导可以提醒他们关注这些问题，从而帮助他们解决心理和认知上的障碍；也有时候，障碍是由组织造成的，这就要求领导必须亲自出面干预。例如，由于其他部门的一位固执的员工隐藏信息，使得这位领导人才无法行使自己的职权，有效地解决问题，这时候上级领导就应该干预。如果资源必须重新配置，但这个决定必须由更高层级的领导者做出，领导人才本人无法决定此事，就需要上级领导的干预。诸如此类的问题，领导人才常常是心有余而力不足。

> **✓ 上级领导工作清单**
>
> 　　以下问题可以让你了解上级领导指导工作的项目相当广泛。在扮演导师和教练的角色时，上级领导需要有针对性的、具体的、持续的精心反馈，最好是持续关注一两个关键事项。
>
> 　　1. 此人是否做事果断，渴望通过调整、提升业务和人员，进而改变业务方向，制定和完成新的目标？
>
> 　　2. 此人是否督促自己和他人创新，以使组织保持领先？
>
> 　　3. 此人是否擅长处理外部关系？是否经常在这方面花时间？
>
> 　　4. 此人是否擅长时间管理，能够做到要事优先、积极授权？
>
> 　　5. 此人是否擅长在团队内部建立和谐关系，在部门外部建立良好的协作关系，是否善于促进团队成员坦诚和深入的交流？
>
> 　　6. 此人是否能够敏锐觉察到业务增长的新机会和新方法？

7. 此人是否善于深入分析问题，化繁为简，看出事物发展中出现的新苗头？他对应该关注的细节是否足够重视？还是过分注重细节？

8. 此人是否善于识别及培养有领导潜质的人才？

9. 此人是否竭尽全力，还是总抱怨自己获得的资源（财务、人员等）不足，或者总是把问题归咎于外部环境（例如竞争的挑战或市场衰退）？

10. 此人是否在工作中表现出极端的负面情绪？

11. 此人是否表现出骄傲自大，因而不愿学习进步？此人是否表现出拉帮结派、任人唯亲，因而无法打造强有力的团队？

12. 是否有迹象显示此人"眼高手低"？

13. 他是否坚持使用有才华的年轻人？他是否能够区别哪些人能够促进公司的发展，哪些人却会阻碍公司的发展？

14. 此人如何面对挫折与失意？

15. 此人看重赢得他人的敬重，还是更看重赢得他人的喜欢？

16. 此人做事总是亲力亲为，还是授权他人完成工作？他是否总是授权过度，或者过少？

17. 此人是否有极高的情商，能巧妙地把团队潜在的问

> 题暴露出来，并从容化解？
>
> 18. 此人是否有宽广的胸怀，促成换位思考、建立双赢关系，进而增进团队内部和跨部门之间的通力合作？
>
> 19. 此人的"弱点"是什么？比如，某些特质能无意中造成负面的影响，或者因情绪失控影响人际和谐。
>
> 20. 此人的风险偏好如何？他务实吗？

上级领导的指导重点在于使他专注于一两项关键的项目，通过持续强化练习以完善自我，全面提高自己的领导能力。这是本书第二章中提到的"同心圆学习"流程，越是持续强化练习，越能尽快拓展核心能力。只要精益求精——即重视精心反馈和自我修炼，这位领导人才的决断力就会渐入佳境。

精心反馈促成长

不久前，我去了一趟上海。在一次会议中，某个业务部门的领导向首席执行官汇报工作，阐述他的部门在中国大陆的快速成长。这位领导乐观兴奋之情溢于言表，他向老板展示了中国正在出现的巨大商业机会，即庞大的中产阶级的崛起，他们不断寻求更高品质的市场产品和更高品质的生活方式。他努力勾画出一个日益壮大的公司前景，不仅公司现有产品的需求将大幅度增长，而且对公司高端产品的需求也将迅速增加。汇报结束后，首席执行官私下对这位领导说："你的汇报非常好，你们干得不错。"然后他提出了宝贵的建议："在你的报告中，你使用的是根据官方汇率统计的人均收入，而事实上，如果你使用购买力评价来进行分析，你的需求增长预测将会大幅度增加，因此，我们在中国市场必须采取更加积极的态度来抓住这个千载难逢的机会。"

这位首席执行官的精心反馈有几点值得我们学习：针对性强、很关键、很及时，并且以这位领导人才容易接受的方式表达。首席执行官很坦诚、直接而且富有商业头脑，他表现出了真正的深思熟虑和精心反馈，极大地促进了这位领导者的发展。

上级领导必须目光如炬，洞悉日常工作中出现的蛛丝马迹。例如，在几个不同的场合，上级领导可能发现接班人明显欣赏有相同看法的人，而一位真正优秀的领导者，却不会明显表现出来。一旦上级领导指出这种情况，他可能由此"顿悟"，从此开始换位思考、胸有城府。上级领导必须重复提供类似指导，观察他的意见是否被真正接纳，并改变了这位领导人才的思维与行为方式。

例如，当业务部总裁斯科特多次未能按时交差时，他的上级领导梅格仔细分析了其中的原因。梅格先前已经注意到斯科特手下的总工程师表现欠佳,但斯科特并未追究他的责任。八个月前,斯科特在聘请这名总工程师时,延误交差就是他希望纠正的问题之一。梅格看出了问题所在:斯科特似乎有宽待属下的倾向,这种倾向使得他对人员的判断力和他自身的业绩大打折扣。在讨论工程项目进度时,斯科特太容易被说服,总是接受总工程师提出的延误借口。

于是,梅格和斯科特恳谈,建议他深入分析问题的根源。斯科特接受了这个建议,严厉追查了总工程师的责任,结果发现,总工程师未能清楚掌握自己部门的情况,没有深入了解项目重要细节,因此无法找出问题的真正原因,并提出有效的解决方案。斯科特重新评估了这位总工程师,发现他并不胜任,斯科特由此"顿悟",他开始经常反思自己的人事决策,更加全面地来判断人才,更加看重业绩。

当上级领导精心反馈时,接班人应该发自内心地重视这些意见。事实上,他们应该积极地寻求上级领导的意见,这样,他们和上级领导之间的关系就变得更加真诚和互信,沟通也变得更加坦诚和及时,学习和自我修炼也得以加速。如果他不虚心接受指导,不及时调整和完善自我,就会失去接班人的资格。

精心回馈应该是月度和季度运营工作会的一部分,这些会议是上级领导对领导人才做出全面考察的绝佳机会,不仅要考察他们是否完成业绩指标，也要评估他们的胜任能力，以及他们应该在哪几个方面着重提升。上级领导必须询问关键的问题，深入了解业绩完成的工作细节，了解他是如何应对新的环境变化的。例如，某位接班人的销售业绩目标是10亿美元，他实际上完成了11亿美元，考核时就必须分析为什么他能完成这个业绩，仅仅是因为市场需求旺盛，还是因为他帮助一名地区销售经理更加重视客户需求，从而提高了市场份额。如果他未能完成业绩目标，上级领导应该追究是市场的问题还是人的问题。在分析原因时，上级领导绝对不能优柔寡断，必须果断自信，就算这位领导人才非常自信、能干，上级领导也绝对不能忽视这种分析、评估的效果。

评估分析之后，上级领导应该花时间反省自己的观察，盘点有无遗漏并做书面记录。杰克·韦尔奇就养成了这样一个好习惯，他总是亲自做笔记，在他漫长而辉煌的职业生涯中，他总是以教练和导师的高超技巧对下属进行精心反馈和积极指导。

上级领导写给领导人才的反馈意见应该简洁明了，专注于影响其发展的关键领域。例如，一位上级领导在全球运营总结会结束后，给某位下属的信（为隐匿当事人和相关单位略有更动），便是一个范例。这位上级领导（琼）在每一次这样的总结会后，都会亲自写出反馈意见，指出下属在哪些方面表现不错，哪些方面表现欠佳，并确保下属非常清楚工作的优先顺序。她发现，有效地评估和精心反馈能极大地改进下属的业绩，同时也提升了自己的业绩。

琼非常清楚，麦克斯担任印度区域总裁是一个巨大的职务跨越，这是他第一次从职能部门进入业务部门。她想让麦克斯知道她很欣赏他出色的判断能力，但也指出他为了适应新岗位而需要改进的领域。他必须深入分析团队成员的特点，知人善任，使得团队高效协作，才能完成预期的目标。这个区域的营销人员非常了解渠道，但是对消费者需求了解不够，而后者对于完成业务目标至为关键。琼让麦克斯对手下的营销人员做出分析判断。她也对麦克斯提出了一个严肃的问题：虽然他不了解业务，但是他应该能够对营销人员做出准确的判断。以下是琼写给麦克斯的信。

☑ **亲爱的麦克斯：**

你的汇报使我坚信，在你就任印度区经理的短短6个月中，你已经理清了当地的业务状况恶化的原因，对最重要的细节有深入的了解，令我印象十分深刻：

1. 导致产品质量不稳定的原因是，工厂督导人员的培训不足，以及为节约成本而大幅减少的产品装配员工人数不足。

2.导致优秀人才离职率增加的主要原因是，我们的薪资水平上涨没能够赶上通货膨胀和当地薪酬福利水平的整体提升。

3.导致市场份额丢失和现金流量减少的原因是，我们的销售活动缺乏连续性和稳定性。

你对扭转市场不利局面的决心和耐心令我深受鼓舞，在下一步的行动计划中你提出需要更多的资源和投资，虽然这将使得接下来的4个季度的盈利指标降低，但是它们都很合理。你务必精心规划，把每一分钱都花在刀刃上，以确保有良好的产出。

我们的下一次会议将在90天后进行，我希望你专注于以下几点：

1.考虑到印度的人才市场竞争激烈，你将如何建立领导梯队的补给线？

2.在营销活动中，如何使你和竞争对手有所差异？为了确保市场份额提升，你需要获得哪些信息？

3.我希望届时和10位相关领导一起帮助你评估你们的业务，以确保印度市场能够从让人失望的业绩水平提升至优秀的业绩水平。

4.我很欣赏你提出的学习标杆的指标，也深知它们来之

> 不易。你做得非常好，但是，我们需要更加清晰的分析报告，到底是什么原因导致了市场份额的下滑。它必定和对消费者需求的准确理解密切相关，为什么消费者更愿意选择竞争者的产品，而不是我们的产品？这些问题在下次会议中讨论清楚将对我们大有裨益。
>
> 5. 我很高兴你带上主管营销的高级副总裁和其他管理团队成员一起与会。在上一次的讨论中，我对这位营销副总有一些疑虑，他很有雄心，也很善于建立销售渠道，与经销商建立了良好的关系，高度重视他们，这些当然是应该的。不过，我希望你认真评估他是否有能力洞察消费者需求，并运用洞察的结果来影响经销商，从而影响顾客。作为他的上级领导，你需要对此做出判断，并把你的评估结果告诉我。
>
> 我完全支持你正在做的工作和关注的重点，但是，你如果想要获得成功，就必须千方百计地改进自己对于消费者的洞察力——这也许是对你最大的考验。对此，我充满信心。
>
> 琼

每位崭露头角的领导人才都能从深思熟虑的精心反馈中受益，这甚至是他们的动力之源。你一旦认识到这一点，就能够理解为什么上级领导是精心反馈的最佳人选，而许多从公司外部聘请的管理教练却多半成效不佳。公司之所以聘请外部的管理教练是因为他具有影响领导人才心理和行为的专业技巧，但他们没有站在观察领导人才处理各种复杂问题的有利位置，对领导人才行为的观察也非常有限，管理教练也不了解公司业务，很少能够发现公司的业务问题。此外，一个人的行为在出现偏差的时候就得到及时反馈和制止，相对比较容易，而上级领导正好处于这样一个最佳位置。公司如果聘请外部的管理教练，应该让他们扮演辅助角色，在某些特定问题上，他们可以提出中肯的意见，甚至提供解决问题的方案，或者帮助做出正确决策。例如，当领导者需要讨论向下属发布坏消息的最佳方式时，聘请的管理教练如果在处理这方面问题具有丰富的经验和专长，就能对领导者提供有益的建议。聘用外部管理教练的最佳方式是让他们尽早参加领导力开发流程，以帮助有潜力的领导人才发展自己的长处，但外部教练的指导范围应该主要限于他自身的专长。

持续跟踪，反复评估

上级领导应持续不断地提供反馈意见和指导，甚至养成习惯，定期抽出时间思考下属领导人才的发展状况：他目前发展如何，下一步去哪里？对某些上级领导而言，可以每个季度进行一次这样的评估和思考。那些养成这种习惯的领导总是很期待这个时刻的来临，如同他们很期待了解每个季度的业绩指标一样。

公司应该以年度"领导力评估会"来帮助这位上级领导，这个会议全面收集、分析他的观察与思考，会议的唯一目的就是讨论与评估领导人才的发展状况。这是绩效考核和其他以数字为导向的考核之外增设的考核会议。大多数人认为，以数字来评估最客观，但单纯的数字可能产生误导，依赖于数字的评估常常很肤浅，有时候甚至很危险，因为企业的文化和道德对于企业的长期发展更加重要。完成业绩目标固然重要，但业绩指标本身不能完全反映一位领导者的所作所为，数字导向的业绩考核可能完全忽略了因果关系。在经济形势一片大好的情况下，平庸的经理人也能完成数字指标；反之，在经济衰退的情况下，最优秀的经理人也可能无法完成考核目标。一些公司用来考核个人领导能力的标准也同样存在问题，它们很少能反映领导力的关键所在，更不能帮助公司识别每位领导人才的独特个性与能力。

年度领导力评估会议则提供了一个全面评估领导人才才能的机会，仔细考察他表现出了哪些领导才能，其他人如何看待他，下一步如何培养他。这些会议应该能够考察出这位领导人才的所有领导力特质，据此公司才能够确信他们了解每一位领导人才的领导素质，并有针对性的调整培养方案。通过这种会议，可以修正上级领导个人做出的错误判断，防止不适合的领导人才被寄予过高期望。

　　通用电气和高露洁专门设计严格流程来评估领导人才。他们在评估一位领导人才的绩效表现时，全面考虑影响其业绩的各方面因素，找出影响业绩的关键因素，然后大胆设想下一步的培养方案。一些公司试图模仿通用电气年度人才评估会议流程（Session C），但这些公司的做法通常缺乏通用电气和高露洁公司的认真细致和严谨求实，而且参与者主要是直接上级领导，而未包含其他相关领导人。

　　位于康涅狄格州，专门为服务业提供咨询的汤姆森公司（Thomson Corporation）也举行跟通用电气的"Session C"很类似的年度领导力评估会议。会议专门讨论公司领导人才培养体系和一些具体的领导人才个人发展，并且把这些讨论和公司的战略规划、财务预算结合起来。每年1月，公司的高层领导共同商议公司这一年的工作重点。到了春季，他们评估公司战略，重点不是业绩指标，而是根据市场、顾客和广泛的外部趋势进行综合判断，发现商业机会。夏季，管理高层认真检查公司的组织状况与领导梯队，包括讨论和分析某些有领导潜质的人才的发展状况。秋季，基于先前的战略规划和组织变革情况，跟踪预算的执行情况。

汤姆森公司的首席运营官史密斯（Jim Smith）说："如今，计划预算和人才培养都是整体方案中的有机组成部分。"这并非只是因为他们彼此关联，汤姆森公司的高级领导在讨论一项业务发展或者增长机会的时候，会很自然地把业务与人才联系起来。例如，如果一个新的业务发展得很好，史密斯就会问："这是哪个人或者哪个团队完成的？"如果公司计划开发一个新的商业机会，他就会推荐谁可能更适合领导这项业务。这类建议可能促成当场做出决定，或者成为公司对这位候选人判断的重要组成部分。

每一次会议都为高层领导考察领导人才提供了机会，"通过这种互动的方式我们可以了解有潜力的领导人才是如何讨论公司的战略、如何与他人协作、如何谈论他的下属、如何做出预算、如何制订行动计划的。"史密斯说，"所以，这并不是某位领导得出的某项观察，而是多位上级领导从不同角度获得的判断。这使得我们能够从各个方面来评价人才，并且能够在更多的情形下观察不同的人。我们会关注谁具有出色的商业意识，谁能够及时发现潜在的商业机会，谁懂得如何赚钱。"

会议最后，首席执行官、首席财务官、首席技术官、首席运营官和人力资源主管一起讨论公司的领导人才状况。首席技术官也包含在内，因为他既是一个优秀的业务部门负责人，同时也是一位优秀的技术专家，他和首席运营官在评估具有技术和营销综合才能的领导人才方面配合默契。这些高层领导集思广益，反复权衡和比较，以决定提拔谁、更加关注谁。因此，在汤姆森公司，对领导人才的反复评估是一整年持续不断的工作。

客观评估的方法：集体讨论

培养一位领导人才的关键，是安排几位能够直接观察他工作的上级领导定期集体讨论。

其实，我们经常在背后议论他人，轮岗培养模式把这种议论公开化，而不再是"地下组织部"，这些讨论鼓励大家畅所欲言，而不受限于一些公司既定的领导力标准。主持人积极营造一个宽松、坦诚的讨论氛围，许多微妙的话题便会自然的浮现出来。例如，在讨论某位领导人才时，他的上级领导的某位同事多次提到："不知道为什么，就是觉得他有点问题。"于是大家深入讨论，力图弄清楚到底是什么使这位领导感到不放心。最后发现，这位考察对象在职业生涯早期曾经经历下属背叛，因此，他不信任那些对他没有表现出足够忠诚的人。如果不是这种深入的讨论，恐怕没有人会注意到这一点。

这种集体讨论的好处在于，各位领导的多角度核查，可以避免由于上级领导与下属的密切关系带来的偏见。我曾经目睹，有的上级领导为其下属辩护，经过这种讨论才发现他们其实都无法证实自己的判断。在讨论中呈现出的事实比上级领导的观点更具有说服力。我也发现，当几位深思熟虑的领导同时看出某个人的某项特质时，这项特质几乎就是百分之百的事实。不过，我仍然强调一点：所有的观察都必须实事求是。

集体讨论是一种很有效的方法，通过讨论可以了解一个人的各个方面，而不只是一个静态的印象。在讨论中，你们不仅关注领导人才的业绩指标，而且关注他以什么方式完成这些业绩。特别是在讨论他的业绩原因时，他的许多重要领导特质将很快呈现出来。我曾经历过这样一件事情，参与讨论的人知道某位领导人才在开发一个新的市场时做出了及时而有效的决策。讨论发现，他其实是借助外力，在部门之外的一群人帮助下，做出了这个决策，这是一项很值得注意的能力，这项发现使得大家认为他善于借力的优势或许可以运用到公司的其他领域。

集体讨论也能够及时发现一位领导人才的缺点。例如，上级领导也许认为他的这位下属很有进取心，思路开阔，善于辅导下属,但也可能有时莽撞而不计后果。如果这位上级领导能够举出一个例子,参与交流的其他人也可以举出他莽撞的例子,那么就可以相当程度地肯定,此人确实具有这种倾向,在他的下一个职务中,莽撞可能会成为他的致命缺陷。自由坦诚的讨论总是能够很自然地呈现出这一类缺点。此外,当个性特质和领导能力结合起来时,表现在他的语气和肢体语言方面,将强化他们的表现,而集体讨论恰恰能够发现这些细腻微妙之处。

集体讨论有助于形成共识,对此,我将进一步详细阐述。大多数胜任力模型都包含一项"战略性思考"。如果不联系来龙去脉的背景,这个词毫无意义。一个人对这个词的理解可以完全不同于他人,但是,如果四五位领导者聚集在一起讨论某位领导人才,在谈到此人的战略性思考能力时,所有参与者都应该明白这个词指的是什么。例如,某位上级领导说这位领导人才有出色的战略思考能力,指的是他为销售团队设计了一个新的激励方案,其他领导人立刻就能判断这其实不是战略性思考,于是,他们不仅会调整他们对这位领导人才的看法,也会改变对这位上级领导的看法。反之,如果有人提到这位领导人才设计了一种细分市场的新方法,使得公司能够借此调整销售思路,集中最佳销售团队于关键的目标市场,从而提升销售业绩,大家立刻明白,这位领导人才的确表现出了很强的战略思考能力。

理想的集体讨论至少应该有4位对这位领导人才了解的人参加，包括他的上级领导、这位上级领导的几名同事，其中最好还有更高层级的领导人。这样的集体讨论由人力资源部门主持，营造一个良好的沟通氛围，通过仔细讨论和分析，引导讨论通过提问和举例来打开与会者的思路。会议开始，主持人应该说明会议的背景、目的和原则。首先，每位参与者都应该谈谈此人的优点。

集体讨论的重点是促使与会者深入分析，尽可能多地找出这位领导人才的优点。一开始，与会者多半倾向于讨论此人的缺点，这其实是浪费时间，讨论的重点是发现优点而不是缺点。讨论的目的不是分析此人应该具备哪些领导素质，而是找出此人已经具备的领导素质，以及他在什么职务上能有出色的表现。事实上，没有任何人是完美的，一位领导者创造优异业绩的前提是他的优势正好与这个职务需求相匹配，或者公司为他设计了一个量身定制的工作岗位。

在集体讨论中，如果暴露出此人的某些缺点，切记要实事求是，应该在特定职务的背景下考虑，不然就会因为这个缺点把他从培养对象中剔出。我们都知道有些领导者在某些职务上不称职，但在其他职务上却表现得非常优秀。思科公司的首席执行官钱伯斯曾经在王安电脑公司工作，但并不得志，也未能成为首席执行官。当他加入规模较小的思科公司后，却开始了长青的职业生涯，带领公司实现收入从1.49亿美元增长到300亿美元。记住：时势造英雄。

评价的关键是要具体、明确，当有人提出某位领导人才具有领导气质时，你必须进一步追究这句话的具体含义。同一句话的含义可能因人而不同，在某种情况下，这可能是发言者希望引起他人注意，而另外一个人则可能是推崇他的表达才能。

基于汇总的20项观察项目清单，与会者应该举例说明该领导人才如何在其行动、决策或行为中展现出了某项才能，询问他人是否持有异议。接下来，基于与会者的共识，整理出一份此人的领导特质清单，同时列出另一份不是十分具体的行为和特质清单，与会者可以进一步留意它们的证据。最后，对于大家将继续讨论的才能、特质或行为，应该归纳为一页简要的摘要，作为评估此人是否适合担任特定职务的依据。

精简评估结果：一页人才评估表

富有成效的集体讨论应该勾勒出一个人的领导力本质，突出他的天赋和优势，反映出未知的部分，但并不苛责他的缺点。大家集思广益的讨论结果应该以书面的形式记录下来，以免有所遗漏。如果大家认识一致，则可集中于此人的一些关键特质和能力，并在一页评估表内描述出来。

一家多元化经营的公司建立了一页评估表评估机制，跟踪分析有潜力在七八年后成为首席执行官的候选人。凯伦是其中的一位，她在斯坦福大学获得 MBA 学位，曾在两家公司工作，在早期的职业生涯中，她处理过反对公司部分业务移向海外的示威活动。后来，她移居国外，担任了某大公司的一个子公司的负责人。在这个岗位上，她需要与董事会打交道。由于该子公司是公众上市公司，年纪轻轻的她就已经获得与华尔街打交道的难得历练。

目前，她负责这家多元化公司旗下最小的业务部门，这个业务的市场只有三个主要竞争者，但因为其中一家不断降价，导致整个产业利润降低，该业务部门处于严重亏损状态。更糟的是，那家引发价格战的公司是由这个业务部门的离职员工所创办。激烈竞争导致严重亏损，并重挫了员工的士气。凯伦上任两年后，成功地重振这个业务部门，公司决定提拔她为掌管 3 个业务部门的业务群组总裁，这距当上首席执行官只有一步之遥。在凯伦尚未担任业务群组总裁一职之前，一群熟悉她工作的高层领导集聚一堂，讨论他们对她的观察，并形成以下的一页评估表：

凯伦高度职业化,是一位业务重振转型的专家,善于处理外部利益相关人关系,包括危机处理。她非常擅长沟通,制定明确的任务目标,并且监督执行。她知人善任,妥善处理各部门之间的沟通协作,而且敏锐、果断、包容,能够以身作则。

凯伦的业务管理幅度有限,因为她的主要经历是领导处于逆境、需要重振转型的业务。虽然她在发现业务增长机会方面取得了一些成绩,但仍然有限。她善于挑选职能部门人员,例如,她挑选的营销副总和运营经理都很优秀。她擅长管理各部门之间的沟通合作,尤其是促进销售部门和运营部门的合作,以及促进工程部和市场部的密切配合,做得特别成功。不过,她是否善于挑选和管理业务部总经理,则有待观察。她成功调动法律、财务及人力资源部门同事协助她管理好业务,她以身作则,并发挥自己的专业长处。但要成为这家多元化公司的首席执行官,她必须善于驾驭各业务单元的领导者,指导和培养他们,调整他们的团队,评估每个业务单元的具体问题、业务模式、竞争动态和竞争战略。她必须在不具备各业务单元专业知识的情况下开展工作,而且不会影响各业务单元领导者才能的发挥。

凯伦需要拓宽自己的业务管理幅度,从领导单一业务,拓展至同时领导几个业务。她能否超越现有业务,并且果断

> 地放弃市场持续萎缩的业务？是否有足够宽广的视野和冒险精神，思考如何在她负责的市场领域中开拓出新的业务？
>
> 凯伦能够从容应对熟悉的业务。今后，对于不熟悉的领域，她也必须充满自信，通过获取正确的信息，提出正确的问题，以判断业务部门领导人的思路是否正确。
>
> 凯伦毕业于斯坦福大学，但是否具备足够敏锐的洞察力仍然有待观察。她能够深入细节，切中要害，并能超越细节进行全局思考。她有强烈的好奇心，当同事提出问题时，她不仅思考问题本身，而且也思考问题的背景。
>
> 凯伦是否擅长培养业务部门领导者，这一点尚不清楚，估计她应该有此能力。她不需要事必躬亲，应对自己"外行管内行"充满信心。在新的岗位上，她将得到历练。她的每一个进步将得到几位领导的关注。

在这一页评估表中，高层领导看重的是使凯伦脱颖而出的才能和特质，也关注她需要进一步发展或者考察的项目。

绘制领导人才成长路径图

汤姆森公司持续跟踪每位领导人才的成长，记录他们在每一个岗位获得的历练、学到的知识。他们发现这种简洁、非正式的一页评估表比他们过去收集的充满数据的各种记录更加实用。为了跟踪每位领导人才的职业突破，该公司把每位领导人才曾经担任的职务绘制成图（见图5-1），每个方格代表一个职务，从左到右表示职务复杂性增加，就像随着时间递进的阶梯。这张图使高层领导很容易回顾每位领导人才的成长史，也有助于讨论此人未来如何发展，并判断此人未来适合担任什么职务，以及他需要培养哪些新的能力。该公司在每次领导力评估会议，或者领导人才职务变动后，会立刻更新这张成长路径图。

绘制领导人才的成长路径图可以帮助公司收集关键信息。有些领导者的成长速度比其他人快，他们的成长路径可能非常陡峭，例如伊梅特、迈克尔·戴尔和本书先前提到的其他领导人（见图5-2）。从成长路径可以看出这位领导者的发展何时受阻、何时达到极限、何时飞黄腾达，也可以看出他未来的最佳成长路径并且可以据此调整对他的长期期望。如果一位领导者在现有职务上负担过重，无法应对挑战，这类问题在一两年内就会显现出来；如果挑战足够大，这位领导者却能很快适应，就应该让他在该职务上工作更长时间，大约3～5年，直到他的贡献显现出来。

高管路径 · LEADERS AT ALL LEVELS

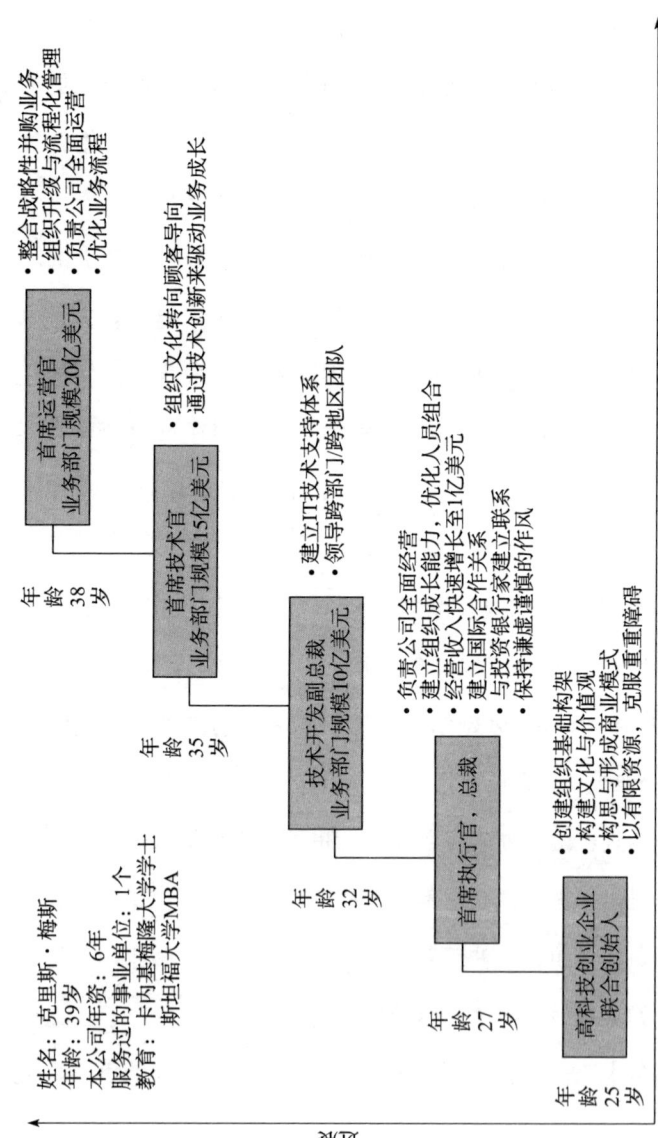

图 5-1 汤姆森公司如何跟踪潜力领导人才的成长

每一步代表一个新获取的职位，能力要求和个人的特质，此图会根据职位的变化每年更新

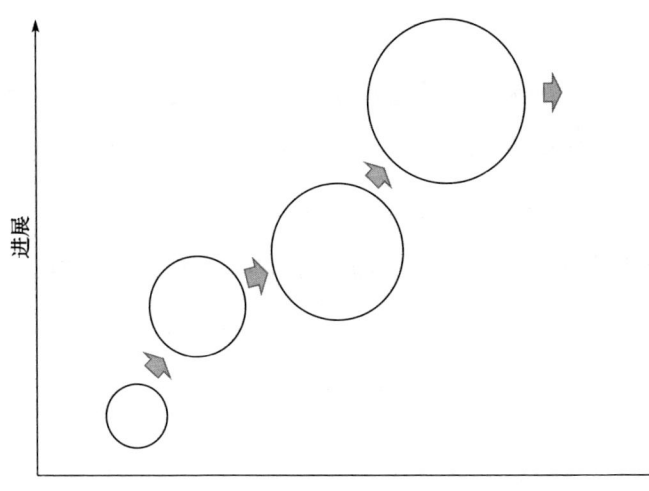

跟踪每位潜力领导人才的成长，用圆圈大小表示能力的拓展，关注轨迹的变化角度，分析为何改变，以及成长的模式。一般来说，成长轨迹很少呈现一条直线，有些职务是平行调动，或者是向下调动，这是为了未来的发展。例如，一名财务总监被调任某个事业部负责全权业务，这是为了让他获得领导业务单元的经历，为进一步的发展做好准备。

图 5-2　潜力领导人才成长轨迹

导致领导人才未能继续升迁的原因很多，有些原因并不容易解决。例如，一个人的个性几乎不可能改变，根深蒂固的行为方式也一样。我认为，应该关注潜力领导人才的优点，但这并不代表忽视业绩表现的不足或者严重的个人缺点。上级领导和人力资源部门必须把明显不合适的人从领导人才名单上删除，就算他们知道这些人可以承担某些岗位，也不代表他们真正适合这些岗位。从外部招聘的领导人才，可补充因此而减少的人才数量，并注入新的思维。

在评估与重新调整领导人才时，难免会出现失误。但上级领导与其他现任领导者如果足够小心谨慎，这类错误就会明显减少，这将使得公司的领导力进一步提升，领导人才库进一步加强。持续跟踪领导人才库的质量与数量，以及每位领导人才的成长状况，是轮岗培养模式的重要组成部分。我们将在下一章探讨高露洁公司在这两方面的流程与机制。

第6章
领导人才培养体系建设

"轮岗培养模式"流程与方法:高露洁案例

每家公司都有收集分析财务数据的正式流程。大多数公司也收集和研究有关产品组合和客户需求的信息,以帮助他们识别优势和劣势。这套流程帮助董事会和所有层级的经理人获得真实的数据,做出正确的决策。但是很少有公司收集和汇总领导人才的信息,这些公司实际上是在舍本逐末。

前面部分,我着重阐述轮岗培养模式如何为每位领导人才提供量身定制的领导力发展途径。本章将阐明如何将轮岗培养模式的各个部分加以制度化、系统化、流程化和定量化。

"轮岗培养模式"真的有效吗?答案是肯定的。有些公司每天都在这样做,比如,高露洁公司就掌握了这套流程,并且获得了巨大的成功。由于该流程适合任何公司学习，所以本章专门进行介绍。

高露洁公司对于领导人才评估与管理细节的重视程度，不亚于重视市场份额管理、财务管理、品牌管理和库存管理。该公司经常评估具体的领导力需求，确保所培养的领导人才和未来业务需求保持一致。

决定采用轮岗培养模式的公司，应该建立以下运作机制：

- 不断调整识别领导人才的标准和方法，以适应外部环境变化带来的人才需求的改变。
- 指派领导人才担任一连串富有挑战、令人兴奋的职务，以培养他们未来所需的领导能力，同时兼顾公司目前的需要。
- 严谨、用心地提出反馈，加速领导人才成长。
- 提高领导人才在公司中的知名度，以加深他和公司的关系，并使得其他领导者更深入地了解此人。
- 发现与奖励业绩优异者，对于未能达标者，调整他们的发展路径。
- 定期检查各级领导人才储备的数量与类型，评估当前的差距以及未来可能的差距。
- 持续让董事会了解公司的领导人才储备状况，让董事会成员接触公司中高层的领导人才，帮助他们更深入地了解接班人选。

我们将深入了解高露洁公司是如何运作的。该公司在全球各地采用统一的方法和机制，以确保每个地区公司执行相同的领导人才培养流程。公司的培养对象涵盖销售、市场、信息技术、人力资源、法律事务、供应链、研发、投资人关系、信息管理、财务等所有部门，并非只是业务部门管理人员与总经理们。

高露洁公司执行的领导人才标准很明确，因此，大家对于有潜力的领导人才认识一致。不过，这些标准并非一成不变。该公司的高层管理者经常讨论这些标准，并根据160多个国家竞争态势、消费者需要、销售渠道、市场推广的改变，不断地调整领导人才标准。因此，该公司的领导人才库结构也不断改变，以满足这些新需求。高层领导如何把握公司领导人才的培养情况呢？高露洁主要是通过严谨有序的报告机制，帮助高层领导了解领导梯队的培养状况。因为知道领导力是衡量公司健康程度的重要指标，高层领导也让董事会参与其中。首席执行官伊安·库克（Ian Cook）让主管人力资源的副总裁马西里（Daniel Marsili）直接向他汇报，此举充分体现了他对培养领导人才的重视程度。

在一个使用轮岗培养模式的公司中，高层领导必须亲自参与领导人才的培养工作。当然，人力资源部也绝对没有被架空，相反，它执行一项关键任务——完善并负责运行培养追踪领导人才的机制和流程。人力资源部是轮岗培养模式的管理者，它并不只是形式上地填写许多表格,而是扮演一个创造价值的角色,这个角色需要仔细地与业务部门领导密切合作,开发高效的工具和流程,以确保各单位严格执行。最理想的状态是,人力资源部与业务领导人通力合作,帮助后者扮演导师角色,对每位领导人才的潜力和胜任力提供恰当的判断。

人力资源部至少要确保以下几点:

- 上级领导及时向领导人才提供明确的、建设性的和可行的反馈意见。
- 上级领导在挑选人才时,能超越他们自身的业务局限,了解更多的候选人。
- 上级领导根据明确定义的岗位任职资格(现在的和未来的)来选拔人才。
- 上级领导把领导人才视为公司资产,帮助领导人才实现职务升迁,以考察和开发他们的领导潜能。他们不能埋没人才,不能优柔寡断不敢对他们下注,更不能忽略人才的培养工作。

首先,公司必须确保各级领导理解,培养更多的领导人才是他们的重要职责之一。领导者必须善于识别有领导潜质的人才,然后通过经常性的精心反馈来培养他们。但是在精心反馈的同时,人力资源部必须确保现任领导者通过集体讨论,并就此人的强项和发展道路上的障碍达成共识。一旦建立了牢固的精心反馈和评估机制后，人力资源部便可以实施调任潜力领导人才到不同的职务进一步锻炼的流程。

高露洁公司从各国分公司抓起，领导团队亲自参与为期一两天的接班人计划讨论会议。在较小的国家，每年至少举行一次，较大的国家则通常是每年举行两次。会前的周密准备，使得会议很有成效，马西里解释道："假如现在我是某个国家的市场总监，早在举行这个级别讨论会议之前，我就已经跟部门内的人员进行过职业发展方面的讨论了。我把那些讨论跟我在一年前拟定的接班计划进行对照比较，更新每个人的培训与发展计划，再次评估他们的成长状况、他们的抱负以及他们能胜任的工作。这些信息汇总在一个资料库里，产生每个人的评估档案，每人一页摘要包含他们的个人信息、工作经历、教育背景、绩效考核、个人优势与发展需求、他们接下来的两个锻炼职务，还有我们必须采取哪些培训方案，他们是否按照我们的要求'以尊重的方式进行管理'，他们的未来接班人又是谁。"

上级领导带着事前准备的资料出席在公司外面举行的人才评估会议，讨论他的人员状况，听取其他同事的看法，并做出一些决定与安排。例如，某人可能被选定将调往高露洁的纽约总部；另一位不断进步的领导人才可能已经该调离现在的子公司，接受其他岗位的历练，但因为某个原因，目前暂时无法调动。因为她是高露洁想要留住和栽培的人才，这个国家分公司的领导团队决定送她到另一个子公司去学习预算评估的流程。这项历练不仅能让她学到新技能，接触到新内容，并让她学习在不同文化环境中别人是如何互动的。讨论会议中也预测这个国家分公司的未来岗位空缺，提出填补这些岗位空缺的人选名单。会议结束时，与会者必须对人才发展行动做出决定，人力资源部门则负责确保贯彻执行这些决定。通常，这些行动是这个国家分公司内部的职务调整，执行上不太需要涉及跟其他国家分公司或者部门进行协调。

在北美、欧洲、拉丁美洲、亚洲、非洲、中东等全球各大地区，以及宠物食品业务部门，这样的流程每年实施一轮。地区业务领导团队首先收集、汇总各国分公司的评估，接下来举行会议，重点是评估业务部门领域最优秀的领导人才。以市场部门为例，区域业务领导人评估各国分公司 50 名左右最优秀的市场领导人才，在年度会议中对他们的发展提出建议。

不过，在区域业务的讨论会议中，方法和目标会有一些差异。除了他们内部规划的人才发展外，与会的领导人也需要识别全球、区域以及地方性层级的领导人才。全球性的领导人才将成为重要区域和全球职位的可能接班人，由于这类职务调动牵涉到许多利害关系团体，因此，这部分的讨论比较复杂。例如，财务部门领导人讨论到各国分公司最优秀的财务人才，其他部门与业务的领导人也会提出自己的看法，这种讨论的目的是对有领导潜质的人才进行全面的评估。例如，财务部门主管可能欣赏她出色的财务技能，但制造部门的主管曾经在一次会议中注意到此人欠缺为其财务部门发言的勇气。于是，会议的结论就会包含对此人提供这方面的反馈，以帮助她以改正缺点，并增加她与其他部门人员互动的机会。

  这些评估与决定将生成报告，呈送给全球职能部门管理层或者全球管理总部。职能部门领导者对领导人才进行评估，他们创建继任人才库并评估部门在整体人才培养方面面临的挑战。适合担任业务单位领导职务的人才，则由高露洁的高层管理团队进行评估。该团队由首席执行官、首席运营官、业务部门总裁和全球部门主管组成，每两个月举行一次评估会议，每次会议专门针对一个业务部门或一个全球职能部门。高层团队在这些会议中讨论5项重点：

- 了解公司的整体人才状况。
- 认识公司内的关键人员和高潜力人才，熟悉尚处于较低层级，但有领导潜质的人才。
- 综合考察领导人才的业绩与潜力。
- 对关键人员的培养计划达成共识。
- 讨论关键岗位的接班人。

以财务部门为例，首席财务官在向公司核心管理团队做汇报之前，首先花一两天的时间和全球各地区的财务主管进行讨论。此前，这些财务主管已各自评估了他们的地区人才或者全球性高潜力人才，并通过自身区域内的跨部门讨论会议，印证自己的评估。首席财务官带着这些信息，与高层管理团队详细讨论领导人才的名单、发展需要和规划、地区及全球财务人才库中每个人的未来潜力，向高层管理团队解释谁必须尽快调整职务，谁需要更大的影响力，谁可以被看成为他自己的接班人。

最后一步是董事会决议，核心管理团队向董事会报告有潜力担任高层职务的候选人。提名委员会不仅关注这些候选人的薪资福利水平，更关注他们的发展计划，与此同时，委员会也关注高露洁在全球各部门和各地区的人才供需是否适当平衡。

董事会对于高潜力人才的评估，可以全面评估整个人才库，也可以聚焦于特定职务的特定人选。例如，他们可能要求某部门主管提出三位最有资格接替他的候选人，并考虑这些候选人本身职务的接班人选。然后，每一个建议将要按照每位候选人升迁至全球职能部门最高职务的要求进行评估，并把评估结果进行排序。这些评估的重点在于平衡长远战略与近期战术，企业成长与业务盈利、保守发展与激进发展，识别能深刻理解影响业务增长的关键因素。此外，关键的是，董事会有机会和高潜力候选人见面，听取他们的工作汇报，并认真考察他们。

在高露洁的人才识别与发展流程中，最重要的原则之一是全球统一标准，马西里称此为"成功者特征"（success profile）。它包括三大部分：第一是达成目标的能力；第二是展现领导才能，包括持续学习与改进的能力，以及帮助他人持续学习与改进的能力；第三是以人为本的管理能力，这使得公司与众不同，并成为社会的楷模。

"我们有统一的用人标准，使用统一的语言描述如何做事与达成目标，我们不论在何处都采取统一的做法，"马西里说，"我们在越南有一位高潜力人才，我们可以确定对此人采取的评估标准与在匈牙利或巴西的标准相同。"

随着时间的推移，当公司因为市场环境变化和经营方式改变而做出调整时，这三大部分的内容就会随之调整。例如，"成功者特征"一直包含分析与解决问题的能力，马西里表示，近年来高露洁公司的许多职务更加侧重分析，因此公司必须更强调这方面的能力。变革管理能力也是公司现在更加注重的能力，马西里说："有许多人探索变革管理，这个词似乎有被滥用之嫌。但现在，人们在工作与日常生活中必须得应付太多的不确定性，因此，变革管理也成为最重要的能力之一。"

人才标准的调整，使得高露洁的人才库也随之改变。在采用新的标准之后，以往表现得很好的一些领导人才，现在可能因为在这些新的关键能力上表现不佳，发展不如以前快。不过，真正重要的是，公司一旦察觉到新的需求，就会开始花时间、精力和经费发展这些必要的新的领导能力。

在领导力发展中，把全球性后备干部调任到适当职务非常关键。高露洁在发现有潜力的领导人才之后，便会安排他们担任一系列富有挑战性的职务，目的是缩小他们和公司的"成功者特征"之间的差距。公司不只是把他们调往更高、更复杂的职位，还刻意让他们去接触明显不同的文化与业务，"如果他们一直在发达国家工作，我们可能安排他们到发展中国家历练，"马西里解释，"如果他们过去只从事市场工作，我们可能把他们安排到跨部门团队，使他们多接触销售；如果他们长期在程序化很强的供应链系统中工作，我们可能安排他们到发展中国家的子公司，让他们不得不熟悉与处理多层次的工作，经受全方位的历练，包括客户服务、分销渠道等。"

高露洁特别注重商务领域的高潜力人才在全球的历练，首席执行官、业务部门总裁、销售部门全球领导人和马西里每个月开会决定，谁该调往哪一个全球性的商务岗位。他们也探讨某些潜力领导人才接下来的两项可能职务安排，以及他们需要做好哪些准备才能胜任这些职务。与此同时，他们也考虑此人现有职务的可能接班人选。在决定把全球性的领导人才派往何处时，他们重点考虑怎样安排最有利于这些潜力人才的发展，以及对整个业务团体最为有利。如此高层次的决策，使得任何想把优秀人才私藏的行为无法得逞。同时，高潜力人才也知道，这类职务调动是为他们自身的利益着想。

"人们往往以为，从小部门调往大部门才算是晋升，"马西里说，"但有时候，某人需要的可能是在全球另一个大区的一家子公司里历练。当你提议他调往一个规模较小的子公司时，他的第一反应往往是，'这对我的发展有什么好处'？因此，公司必须派合适的高级主管向他解释，为什么这项职务调整对他是最佳的安排。此后，如果他们确实达成目标，公司必须为他们安排进一步的发展。"

全球性领导人才在每一个职务上都能获得最有建设性的反馈，而且大多还会得到外聘教练的指导。此外，他们也有机会和公司的核心领导团队接触，公司领导经常到全球各地出差，他们一定会抽出时间和领导人才及他们的直接上级交流，讨论领导人才目前的发展状况。马西里表示："这是持续了解、识别、讨论的流程，有助于高层领导真正了解他们，而且这也增强领导人才对公司的认同感。"

在人才培养过程中，认可与奖励很重要。高露洁非常注重以不同于奖励其他员工的方式来奖励高绩效人才，马西里说："我们有特定的激励措施以确保这些人获得高于市场平均水平的薪酬，例如采用股票期权制度。"

各级领导定期参加高露洁各种旨在提高其能力的项目。例如，在进入公司的前5年，领导人才可能受邀参加"领导力开发"课程。该课程为期一周，学员从全球各单位汇聚纽约，首先进行户外拓展，以帮助他们增进感情。接下来，他们与公司的每位高层领导会面，研讨公司目前面临的某项重大问题和业务挑战，从高层领导的职业生涯中汲取经验教训。所有学员将跟首席执行官和董事会主席共同进餐，学员不仅能借此机会认识他们，也可以向他们提问请教。

在公司工作超过10年的高潜力人才，将有机会参加"20/20培训课程"（20/20 program），这是由公司和一所大学共同举办的行动学习培训课程。参与者以学员身份一起学习一年，研讨高露洁的某项重大业务问题，并在最后向领导高层提出业务发展建议方案。培训项目不仅有丰富的课程，而且还包括国际旅行与拜访著名大学。学员们经常有机会与高层领导无拘无束地共同进餐和交流。

公司坚持让潜力领导人才尽早且经常与董事会见面。比如，美国区市场副总裁向董事会或董事会的某个委员会汇报工作时，会带上一两位高潜力销售人员。高露洁的高层领导人挑选全球各地最佳的贡献者，董事局主席为其颁发"杰出贡献奖"，以表彰他们对公司的杰出贡献。获选者受邀出席公司年会，并在头天晚上和董事会共进晚餐。

万一发生最糟糕的情况——某位全球性领导人才决定离开公司，公司将启动紧急挽留人才预案。每位高层领导考核项目中包括"留住公司 90% 的高潜力人才"，如果没能达成此目标，他们的薪酬将会被扣减。另外，当全球各地任何分公司有一位高潜力领导人才提出辞职时，首席执行官、首席运营官和全球人力资源主管在 24 小时之内就会得到消息，了解此人辞职的原因，并谋求改变他的决定。

领导人才库建设要点

在采用轮岗培养模式的各种机制与流程时，切记不能只是识别与培养个别领导者，还必须关注这个领导人才库的深度与素质，并思考以下问题：

- 领导人才库在年龄、性别、专业能力各方面是否足够多样化？
- 在重视内部营运的同时，是否也重视外部挑战与机会？

- 领导人才库中是否包含风险偏好程度不同的领导者？有些人偏好渐进的变革，有些人则愿意冒更大的风险。
- 是以创新和寻求机会为导向，还是偏重保守？
- 主要是内部培养人才，还是主要从外引进人才？
- 领导人才库中的领导者注重个人的优秀，还是团队的卓越？

你可能必须根据这些问题的答案来调整识别及培养领导人才的流程，同时，也应该让董事会全面了解。

董事会必须定期评估公司领导人才库，将其与公司未来三五年的领导人才需求相对照，尤其关注公司最高两个层级领导的接班人状况。这样，董事会就会清楚公司的领导人才库是否健康，是否可以从中挑选出未来的首席执行官。挑选首席执行官将是下一章讨论的主题。

第7章

如何选拔首席执行官

选拔首席执行官的三项基本原则

2002年6月,杰普服饰公司(GAP, Inc.)首席执行官米基·德雷克斯勒(Mickey Drexler)辞职。凭借长达19年的营销规划专长,他把这家公司打造成欣欣向荣的休闲服饰品牌中的偶像,并以 Banana Republic、Old Navy、GAP Kids、GAP Baby 等品牌,一再复制成功模式。但是,由于竞争者迎头赶上,加上近年来流行风格也发生了明显变化,2000年以来,GAP 成长趋缓,继而开始出现衰退。德雷克斯勒尝试调整品牌重心,尽管投资界不少人对他将领导这家公司扭转颓势充满信心,但家族式管理的董事会却已经失去了耐心。在单店销售额连续两年下滑的暗淡绩效下,德雷克斯勒宣布辞职,由于公司内部缺乏合适的接班人选,董事会开始向外寻觅能够重振公司昔日雄风的领导人。

　　在加盟 GAP 之前,德雷克斯勒任职于安泰勒服饰公司(Ann Taylor),他对服饰零售业的直觉力备受业界推崇。但现在,董事会认为 GAP 需要具备广泛经营才能和营销专长,细分消费群体、懂得运用信息技术的领导者。董事会雇用两家专门猎取高级管理人员的猎头公司协助,最后选择了迪士尼全球主题游乐园及休闲设施的负责人普瑞斯勒(Paul Pressler)。他擅长成本管理,严格自律,熟悉研究与分析方法,领导风格开明、包容。

　　普瑞斯勒在这家 130 亿美元收入的公司任职期间,德雷克斯勒卸任前的商业决策使公司盈利出现了阶段性的好转。普瑞斯勒上任后,在他从迪士尼带来的几位管理人员的帮助下,开始推行变革,其中最显著的就是对文化和供应链进行的变革。普瑞斯勒重视成本节约,例如,他推动公司旗下的 GAP、Old Navy 和 Banana Republic 等品牌的联合采购。联合采购虽然节约成本,但却忽视了品牌的差异化,使各品牌不能满足各自的消费者的个性化需求。在流行服装业领域,需要的是快速决策,经常需要凭直觉来判断消费者将购买什么,以做出正确地设计和营销规划。但由于普瑞斯勒把流程制度化,导致决策迟缓,增加了复杂性,难以依靠商业直觉做判断。

　　在短暂蜜月期后,整个公司销售业绩再度下滑。千挑万选请来的前迪士尼负责人，并没有帮上忙，普瑞斯勒虽以其长处和以往的优秀业绩受到推崇，但在服装零售业显然"水土不服"。他在 2007 年 1 月被迫离职，GAP 公司董事会任命董事罗伯特·费舍尔（Robert Fisher，GAP 公司创办人的儿子）担任公司过渡时期的首席执行官，并成立一个专门委员会，负责寻找新的首席执行官。这一次，委员会在列出首席执行官必备的任职资格时，特别明确地提出："他必须要有服装零售的经验，寻找在零售和营销方面有丰富经验的首席执行官，最好是在服装业领域的经验，了解整个创意流程，能在宏观复杂的环境下有效地执行战略，同时也能保持财务健康。"可是，董事会在同年 7 月选中的葛兰·墨菲（Glenn Murphy）并不完全符合上述条件。墨菲有零售业经验，曾担任一家连锁药店的首席执行官、连锁书店的首席执行官、零售与批发食品公司的高层管理人员，而且都是在加拿大工作。GAP 公司的董事会成员显然在"服装零售经验"这项条件上做出让步，但此举是否明智有待观察。

　　董事会如何确定首席执行官的任职资格和选择最合适的人选将对公司价值造成巨大影响，这是董事会的重要职责。选择错误，很可能会导致公司一蹶不振。我们熟知的凯马特百货和苹果公司都曾经连续更换 4 位首席执行官。公司董事会解雇失败的首席执行官行动越来越快。不过，要首席执行官下台很容易，如何在一开始就选对首席执行官，避免一再换人，就困难多了。虽然董事会已经更加重视这项工作，但许多董事会缺乏足够有效的方法，以提高决策中的判断力。

轮岗培养模式着眼长远、从基础抓起，为公司培养足够的各级接班人选。人事决策关系重大，董事会必须运用先进的工具和方法，深入了解首席执行官岗位的任职资格，以及候选人的匹配性。挑选首席执行官虽比不上挑选法定继承人或王储，但董事会在选拔过程中必须客观、专业。

首席执行官继任流程应该遵循三项基本原则。第一项原则是，清楚认识到首席执行官职务不同于其他岗位，比如负责一个大业务部门、职能部门或大区的领导岗位。首席执行官不一定比他们先前的工作更辛苦或更足智多谋，但他必须继续以非常敏锐的观察力和多方位的视角与思维来预测未来，思考眼前有什么商业机会、如何才能抓住它，并为将要发生的情况做好准备。

许多负责全面管理的事业部总经理和各地区负责人具备首席执行官必备的能力与特质，但他们背后总是有人监督、指导、激励并纠正他们。作为首席执行官，没有人为他们提供指引、鼓励或纠正，在军队中这被称为"孤独的将军"。杜鲁门（Harry Truman）说得更直接："推卸责任，到此为止。"所有的首席执行官，无论他们过去担任过什么职务，没有人能在此之前做好

100%的准备。我们只有把一位领导者实际放在首席执行官岗位之后，才能明确知道他能不能应付挑战。由于首席执行官职务是一位领导者的最后一项考验，因此，决策必然有风险。

第二项原则是，没有任何两位首席执行官的角色是完全相同的。每一家公司所面临的问题和机会都不同，首席执行官必须清楚认识，并采取相应行动。即使是在同一家公司，现任首席执行官的角色也不同于前任和继任。因此，"合适"的概念最为重要，董事会必须清楚公司此时最需要的首席执行官应具有哪些素质，并据此寻找符合这些条件的人员。不能迷信明星企业家，关键是要找到最适合公司发展需求的首席执行官。各家公司董事会竞相争夺在别家公司绩效表现优异的领导者，认为他们也一定能将成功复制到自己的公司。这种认识，是非常错误和有害的。举例来说，职业生涯中大部分经历是负责成本控制的领导者，长期形成的理念与思维往往使得他们难以应付追求经营收入高速增长时面临的不确定性。习惯成自然，他们往往依赖于成本控制的手段去做事。

第三项原则是，首席执行官也是人，难以尽善尽美。寻找完美的领导者，犹如追赶"彩虹"。重点是全面了解候选人，考察他担任首席执行官与众不同的才能。董事会必须了解和接受候选人的不完美，并考察任何致命的缺点，判断哪一位候选人在关键能力方面最强。若候选人具有一流的经营能力，又有敏锐的战略思维，那当然是最好，但这可能完全不切合实际。在这种情况下，你愿意选择具有优异的战略思维但经营能力稍差的候选人，还是相反？做出准确的判断非常重要，因为公司和许多人的命运都取决于这个判断，董事会必须要进行最谨慎的思考和判断。

董事会必须以饱满的热情和高度的关注，提前多年开始首席执行官接班人的选拔。公司的人力资源负责人和现任首席执行官也应该参与其中，不仅要参与选拔方法的设计，也要参与有关业务和候选人的讨论，并处理首席执行官候选名单形成过程中可能出现的微妙问题。

虽然许多公司的董事会都高度重视首席执行官的选拔，但董事会的工作大多缺乏严谨性，在讨论候选人时多半把重心放在个人特质上，接着看个人的经历和业绩，通常还比较肤浅。此后，董事会未经深入研究，就开始表态支持某位人选，这往往受到现任首席执行官的影响，因为现任首席执行官自己偏好某位候选人，并试图私下向董事会成员推荐此人。即使董事会欢迎现任首席执行官提出他的意见，董事会仍然必须负责任地主动收集、了解所有候选人和公司业务的真实信息，避免以点代面做出不当的判断。

有时候，董事根据自己和某位候选人合作时留下的印象来判断，而不去全面考察这位候选人的其他情况。他们心中的印象可能是正面的，也可能是负面的。例如，一次广受好评的成功营销、没有妥善回应某位证券分析师的电话、对某位下属的报告没有做出及时的反馈。这类单一的信息影响了他对此人的判断，并可能导致他没有兴趣对此人进行更详细的考察。有时候，董事们对于候选人的资格条件有不同的理解，但他们没能够清楚阐明，使得误解继续存在，几位主要的董事根据他们自身的理解来决定首席执行官的选拔。

选拔首席执行官的流程：美国蓝十字蓝盾医保联合会案例

在计划安排继任决策之前，提名委员会应该在人力资源部的协助下建立选拔流程，使董事会能够按部就班地做出继任决策。流程并不是万能的，但设计周密的选拔流程有助于确保严谨客观，减少人为因素的影响，例如首席执行官或某位有影响力的董事推荐自己偏好的候选人。董事会应该高度重视选拔流程的设计与实施。

2004～2005年蓝十字蓝盾医保联合会密歇根分会（Blue Cross Blue Shield of Michigan，BCBSM）挑选首席执行官的做法堪称楷模。尽管董事会规模庞大、成员结构复杂，使得选拔首席执行官的工作充满挑战，但是根据我的亲身观察，他们所精心设计的选拔流程非常有效，值得其他董事会学习。

2004 年，也就是前任首席执行官退休前，继任首席执行官的选拔工作就已经开始。在萨德斯领导下的 BCBSM 董事会有 35 名成员，分别代表不同的利益团体，包括一般群众（州长任命的董事代表）、工会、大公司（例如汽车制造商）的管理层、小公司的管理者、健康医疗保险机构、州政府的高级官员。这个董事会绝对不能让首席执行官继任决策变成各方势力的拉锯战，因为下一任首席执行官需要获得董事会一致支持才能顺利地推动各项重要工作。为确保董事会最终达成共识，他们设计了一个有 8 个阶段的流程，以确保其严谨和客观性。"一同开始，一同完成"成为其工作准则，具体做法是严格地遵守此流程。

董事会在 2004 年中期启动第 1 阶段——组织准备阶段，制定出一个选拔流程和时间表，并决定由谁负责此项工作。由代表所有利益相关人团体的 12 位董事会成员组成提名委员会，委员会将首先考察公司内部的可能人选，人力资源部门负责人佛朗西斯、他的主要助手西宁等提供协助。董事会也决定从外部聘请一名顾问，他们在挑选这名外部顾问之前，以审慎的态度评估其专业能力以及他在商业、人才、公司治理等方面的经验。

组织准备阶段进展得很快，提名委员会 9 月开始正式选拔工作,计划 10 月中旬向董事会提出第一次报告,4 个月后做出最后决定。时间紧,任务重,尤其是委员会坚持每位成员必须参加每一次集体讨论,以便所有人同时获得相同的信息。集体讨论往往安排在周末的早晨或傍晚举行,从而可以使讨论流畅迅速地进行。虽然其中有一两次有少数成员实在是无法出席,但详细的会议记录可供他们了解进展。

第 2 阶段是信息收集,以两个关键问题作为切入点:在充满变化、政治敏感的医保行业中,一个成功的 CEO 应该具备哪些素质?提名委员会如何看待公司目前的形势?

提名委员会访谈了十几位专家,包括政界领袖、蓝十字蓝盾医保联合会主席、公司高层管理人员、代表 BCBSM 员工的全美汽车工人委员会密歇根州协商委员会主席。在每一场访谈前,他们先寄送给受访者一份访谈纲领,以期望激发更热烈、有建设性的讨论,并形成共识。外部顾问的重要角色是指出尚未化解的分歧,促使大家讨论形成共识,提出问题以促使大家从局外人的客观角度进行讨论,质疑缺乏支持证据的看法。汇总大家的讨论与观点,可以初步得出下任首席执行官需要具备的素质与能力。2005 年 1 月结束第 2 阶段,进入第 3 阶段:首先确定未来首席执行官的任职资格,接着开始评估内部人选。

制定首席执行官选拔标准,说来容易,操作起来却很困难。

董事会必须在确定首席执行官应该具备的基本特征之外,了解他即将面临的岗位挑战。从容应对这些挑战的能力,是必备的条件,这也意味他应该具备一些个人特质。例如,如果公司面临的挑战是内部重大变革和市场重新定位,就需要选择具有宏观视野及创新思维,并且有冒险精神的领导者。通常,必须重复讨论多次,才能建立一套覆盖面广、无重大遗漏,同时明确具体的选拔标准。

以下是提名委员会确定的基本的选拔标准,每位候选人都应该具备:

- 充满激情、诚实守信、廉洁自律、坚持原则。
- 良好的沟通技巧。
- 自信但不自大。
- 性格沉稳。

然后,提名委员会进一步完善其他选拔条件,每位委员提出一些建议,汇总之后分类为个人特质、能力与必备条件。个人特质包括:

- 包容性。
- 鼓励工作中的多样性。
- 能够建立共识,平衡不同利益相关人团体的需要。

- 坚持有益于公司的主张。
- 以身作则，指导和培养下属。
- 能够成为全州和全国的意见领袖。
- 顾客导向。

明确必备条件耗时最多，提名委员会汇总所有成员的建议，列出10项必备条件，其中一些条件隐含BCBSM业务发展的不同优先顺序。委员会不想把它们罗列在一起，担心这会导致过度概括化，或是导致不正确的让步。在主席和外部顾问的指导下，他们分成小组进行讨论，把各项必备条件更加细化，再重新汇总起来，接着再进行分类。如此三番，委员会形成鲜明、具体的意见。最终，委员会从10项条件中选出4项必备条件：

- 主动与外部各利益相关团体沟通合作，从容应对高度不确定、政治敏感的外部环境。在复杂的、不断变化的环境下，公司应该坚持清晰的战略方向。
- 决定公司发展的业务模式，应对汽车业（BCBSM的主要客户）的趋势变化、会员流失、医疗成本上升、竞争加剧带来的挑战。
- 擅长战略执行，挑选最佳人选，培养各种人才，建立卓越领导团队，打造变革与创新导向的企业文化，优化产品与流程。

- 建立全国性的、扩张性的业务，在充满活力的医疗保健体系中保持品质与安全。

第4阶段，提名委员会和现任首席执行官惠特默（Richard Whitmer）共同挑出4位候选人，他们全部都是高级副总裁，而且与董事会熟识。某些董事有自己中意的人选，甚至可能曾经暗示过他们。但是，选拔设计的流程使得提名委员会必须集体讨论候选人，使每位委员（董事）能够超越个人成见和私人感情。选拔流程也让新进董事与资深董事有平等的地位，能全面了解候选人。提名委员会的选拔流程使所有评委皆以同样的标准来评审每位候选人，大家进行坦诚的讨论，委员会主席确保每位候选人获得公平的评审。在多次的讨论会中，委员会分析候选人过去的业绩、决策和行为，汇总他们对每位候选人特殊才能的判断，仔细分析每位候选人是否胜任首席执行官岗位。

大多数公司的董事会都希望所有成员参与这样的讨论，但BCBSM的董事们认为，在董事会规模如此大的情况下，不可能做到这一点。因此，他们的变通做法是让12名董事组成的提名委员会定期向整个董事会详细汇报，使35位董事会成员及时获得相同的信息。

与每位候选人的深入面谈是接下来的重点，提名委员会努力让所有成员平等参与、获取信息，以确保客观公正。这些面谈并非只是例行的询问候选人的经历、学历、培训等，而是让候选人参与内容丰富的讨论，以便让每位委员充分了解候选人如何处理问题，如何表现出灵活性，如何做出决策，如何进行战略思考。

提名委员会选择在公司外的一家机场饭店内进行为期一周的面谈，每场的形式相同，时间都是90分钟。12位董事围坐在一张U形会议桌旁，分为3组，每位候选人进入会议室后，坐在U形会议桌中央，其中一组董事开始按照委员会事先拟定的问题提问。这部分大约花45分钟，其他董事仔细聆听，也有机会提出其他问题。有时，小组成员会在一个问题结束之后，聚在一起轻声交换他们的观察和想法，这些交谈有助于董事们统一看法，商议接下来要提出的问题，减少以往的成见和政治干扰。候选人事先并不知道委员会的问题，因为委员会想测试他们在压力下的反应，但委员会绝对会尊重每位候选人。例如，面试地点选在机场饭店，就是为了避免相识的候选人遇见。

董事会倾向于从公司内部选拔继任者，他们认为公司现在走在正确的轨道上。不过，他们也打算如果有必要，扩大到向外部寻找候选人。但是，提名委员会认为这4位内部候选人都是首席执行官的合格人选，因此，提名委员会决定，在第4阶段结束后，产生向董事会推荐的人选。

现在，提名委员会已经清楚首席执行官岗位和外部环境的要求。接下来，第 5 阶段他们的工作重点将转向分析哪一位候选人最符合条件。一般来说，当必备条件非常清楚而具体时，结论就会指向其中一位候选人。在进行了严肃认真的讨论后，委员们达成了共识，该候选人具备以下特征：

- 人际能力出众，且善于适应多元文化。
- 非常擅长建立关系，善于协调外部和内部利益相关人的关系，了解本地和州的政治情况，是处理政治利益关系团体的最佳人选。他也善于建立共识，塑造公司的未来。
- 他从未给公司带来麻烦，而且总是扮演问题解决者的角色。
- 他广受各方尊重。
- 他尚未展现推动如此庞大的一个组织转型的能力，但他善于挑选和留住优秀人才。

第 6 个阶段是董事会深入讨论并做出决定。在 3 月中旬召开的会议上，外部顾问向董事会汇报了提名委员会至今所做的各项工作，并深入分析候选人。当然这些对董事会而言并不是全新的信息，因为他们已经在前面各阶段的汇报中获得了充分的信息。

提名委员会在此之前发布了 4 次新闻，每次都宣布首席执行官候选人选拔的最新情况，以阻挡谣言，并为董事会最终可能做出的任何抉择做好准备。接着，提名委员会向董事会提出接班人选——罗普（Dan Loepp）。部分董事会成员显然很惊讶，这也难怪，因为被普遍看好的那位候选人并未中选。但是，随着讨论的深入，挑选罗普为接班人的理由越加充分。当35位董事进行投票表决时，全体一致同意罗普担任下一任首席执行官。

全面精细的选拔流程，使董事会的选拔工作严谨规范。董事们努力去了解公司业务、所在行业、各利益关联方以及华盛顿管理当局关注的重要问题。因此，他们很了解下任首席执行官将面临什么境况与挑战。每位候选人的考察深入、评估客观，而且实事求是，不让任何一位董事有游说的空间。详尽的信息汇总使所有董事都能看出，其中有一位候选人最合适——尽管并不完美（人无完人，金无足赤）。当新任首席执行官受董事会邀请进入会场时，全体起立鼓掌欢迎，人力资源部门负责人佛朗西斯感慨道，这真是"激动人心的一刻"。

落选者也获得最大的尊重，因为整个选拔流程都非常清晰而透明，他们都知道每一步的程序和结果。他们在第一时间被告知董事会的决定，虽然有些失望，但客观的选拔流程使他们容易接受董事会任命的首席执行官。接下来，只剩下第7阶段和第8阶段的细节工作：商定新任首席执行官的聘用合同，讨论有关交接事宜。

值得一提的是，在公司的首席执行官选拔流程中，操作性部分不是那么重要，重要的是方针原则。应当建立一个这样的流程：深入分析公司的形势，让提名委员会和董事会所有成员对外部环境的需求形成共识；把大家的讨论转化成明确的首席执行官任职资格条件；遴选出公司内外的首席执行官候选人；通过集体讨论来评估每位候选人，对每位候选人充分了解，如有必要，可聘请外部顾问提供指导；最后，找出最合适的人选。这个过程中，最重要的是持续交流和讨论，直到对主要问题都形成共识。切记：仅有流程还不够，每一步内容都很重要。

每家公司都应该这样，为首席执行官的继任时刻做好充分的准备。万一现任首席执行官突然离职，谁来领导公司？有些公司董事会把现任首席执行官推荐的接班人姓名放在信封里，以防万一。切记接班人的姓名必须保密，而且，至少每年对接班人进行一次重新评估。有些董事会在寻找新的首席执行官期间，由一名董事担任过渡时期的代理首席执行官，这种方法可以填补暂时的领导真空，同时让董事会能够谨慎地选择接班人。公司治理委员会应该对这类紧急问题做出预先的安排。

确定首席执行官任职资格

从 GAP 公司和 BCBSM 的例子可以明显看出，没有什么比制定新任首席执行官任职资格条件更为重要。采用轮岗培养模式的公司必须定期（例如在向董事会提出人才评估报告时）审查其领导者的任职资格条件，而且，负责挑选接班人的董事会成员必须敏锐洞察公司的最根本的要求。许多公司董事会由于过分重视一般的任职资格说明书和选拔标准而出现错误，因为每家公司的实际情况是不同的，在环境多变的情况之下每家公司的接班人所应具备的必要条件也就有所不同。

今天，每位首席执行官都得面对令人生畏的变化、不确定性和风险，他经常需要在缺乏足够信息支持的情况下做出重大决策。首席执行官就重大并购或者改变公司的战略重点做出的决策，基本上都是凭借有限的信息和直觉来进行的博弈。首席执行官有责任决定如何应对诸多外部利益团体，包括股东、立法当局和各种特殊利益团体，有些外部利益团体有时抱有敌意，有些利益团体之间存在利益冲突。首席执行官不再是为单一老板工作，而是为一群兼职的董事会成员工作。在这样的背景下，要成功胜任首席执行官职务，需要有极强的心理素质和个性特质，以应对不确定性和模糊性。首席执行官迟早会经受从未经历过的考验，因此，面对逆境时的坚韧不拔和拥抱变革的坚强意志都是成功的首席执行官必备的素质，也是董事会在选拔首席执行官接班人时必须重点考察的条件。

在职业生涯的大多数时间，我一直研究首席执行官，并注意到一个关键点：最优秀的首席执行官都具备一项不同于普通首席执行官的智力优势。这项优势表现在多个方面，其中两项最为显著：第一，他们能够深入到大量的数据和具体事实中，并且从中找出关键问题、发现问题的本质；第二，他们能够准确判断周围的人，洞察他们的特殊才能，以及这些才能在什么样的条件下发挥得更好。董事会应该寻找具有这样优势特质的人。

董事会应该深入分析公司形势，提出最尖锐的问题，如有必要，也可借助外部顾问，直到弄清楚新任首席执行官将要应对的主要问题。董事会成员必须对公司的发展方向、业务规划和外部关系形成共识。由于新任首席执行官将要面对重大的挑战与困难，董事会必须明确未来3年、5年，甚至10年，首席执行官的哪些特质和能力最为重要。董事会精心挑选出的对公司前途最重要的三四项具体能力指标，就是新首席执行官的必备条件。

2001年，美洲银行（Bank of America）面临首席执行官继任决策，董事会认为公司需要一位非常不同于现任的掌舵人。这并非指麦克尔的表现不佳，他有高超的生意技巧，完成了数十起兼并收购，使得位于北卡罗来纳夏洛特市默默无闻的国民银行（National Bank）转型为强大的国家银行（Nations Bank），进而与加州的美洲银行合并，形成全美最大的消费银行——新的美洲银行。

美洲银行的董事会认为，合适的继任者必须能够把所有并购整合为一体。换而言之，并购交易技巧不再是最重要的能力，使业务能够长期创造价值的营运经验和能力才是关键。这些任职资格无一例外地指向了公司的老兵、消费与商业银行业务部门总裁路易士（Ken Lewis）。在接任首席执行官后，路易士停止大肆并购行动，注重有机增长，强调市场细分和实现有机增长所需的交叉销售。在董事会的支持下，路易士的这些努力取得巨大成功。两年后，美洲银行再度进行重大并购，兼并了富利波士顿金融公司（FleetBoston）。

这个例子表明，如果新任首席执行官的任职资格和其他公司相似的话，说明董事会没有做好选拔继任者的准备。当制定的选拔标准具体而有针对性时，董事会才可能准确选拔出合格的首席执行官。

由于任职资格内容广泛，真正重要的必备条件很容易被忽略，这就很危险。避免发生这种情形的方法之一是，像BCBSM提名委员会那样，把新任首席执行官的任职资格条件加以分类。许多条件可归属为基本条件，虽然重要，但却无助于区别真正胜任的最佳人选，因为每一位候选人都应该具备这些条件。

真正重要的是必备条件。前面章节提到的伟彭医疗保险公司，其董事会不仅明确指出这些关键能力，还以4页文件清楚解释每一项能力的含义,以及它对于公司发展的重要性。除了基本条件和必备条件,这份文件也包含第 3 类别的其他个人特质与能力。该董事会知道,候选人不太可能符合所有条件,但讨论它们,并且以文件详细阐释,可确保董事会在评选候选人时有一致的看法。

必备条件是核心要素,基本条件用来筛选不合格者。

及早识别出候选人

贵公司即使未采用轮岗培养模式,也应该在现任首席执行官计划离任的 5 年前就认真开展继任规划。重心应首先放在公司内部人选上,特别是首席执行官的直接下属。每家公司的候选人人数不同,也和现任首席执行官离任的时间有关。通常,正式接班的几年前,会有 2 ~ 5 位候选人。此时,一些董事会注意到,所有候选人都年富力强,年龄都刚刚 50 岁出头。董事会也许会在候选名单上增加一些年轻人,尽管他们可能比首席执行官低两个层级。如果公司已经采用轮岗培养模式或其他相似的培养方式,首席执行官候选人库可能比较年轻而且多样化,也更符合公司不断变化的发展需求。

候选人彼此既是同事,也是首席执行官职务的竞争者,因此，他们之间的关系可能变得很微妙，这也使公司面临留住这些候选人的挑战。董事会的试探必须注意方法，确保现任首席执行官处理好这些候选人之间微妙的对立关系，并留意他们在察觉相互竞争压力后的行为变化。

如果候选人暗箭伤人、自私自利或者自我炫耀，董事会可能就要考虑把他从候选名单上除名。这也正是我建议董事会在现任首席执行官退休之前，不要过度局限候选人名单的原因所在。

在现任首席执行官离职前，过早暗示某位候选人为继任者，也容易导致问题。该继任者可能没有耐心长时间担任二把手，在首席执行官尚未准备好交棒之前，就开始进行逼宫游说。此外，猎头公司可能开始积极追猎该继任者。或者，现任首席执行官可能更加下意识地抓紧权杖，例如，他可能会说："继任者还没有准备好。"但事实上，继任者已经做好了准备。董事会必须了解这些问题，做好相应的准备。

董事会也必须高度重视候选人的资历积累，以确保他们被安排的历练职务有助于弥补他们的能力和经验方面的差距。董事会应该掌握这些候选人的职务升迁规划，了解他们的每一步发展，观察他们是否遭遇什么发展的瓶颈。

在某些情况下，董事会必须采取果断行动。2007年年初，某知名企业有一位首席执行官候选人长期协助制定公司的战略，董事会将他视为两年后担任首席执行官的第一候选人。但在这段时间，有不少极具诱惑力的机会向他招手：3家公司想聘请他担任首席执行官，一家私募基金公司想聘请他联席首席执行官。董事会进退维谷，是否该由现任首席执行官继续执掌两年，接受这位继任者可能离职的风险，还是立刻交班？虽然首席执行官的业绩出众，而且广受尊重，但是董事会认为，继任者是带领公司持续创造佳绩的合适人选。这真是一个艰难的决定，董事会最后决定要求现任首席执行官提前退休。

在许多公司，首席运营官和首席财务官是理想的继任者。首席运营官最有可能成为候选人，主要是因为他熟悉运营管理的关键细节。但很多首席运营官缺乏担任首席执行官必备的优异的认知能力和冒险精神，也缺乏应付外部关系的能力。例如，投资人或董事会的压力。在首席运营官岗位工作时间越长，他就越是欠缺应付复杂性和不确定性所必备的宽广的视野。当然，如果担任首席运营官是为接班做准备，那就另当别论了。

董事会可以建议具备接班条件的首席运营官先负责一个独立运营的业务单元，其职责包括重新定位该业务，并使其快速成长。不过，这种建议可能遭遇一些实际问题，比如首席运营官可能认为这样的岗位调动是降级。因此，在强迫公司做出类似的岗位调整前，董事会必须三思，这项调动是否有助于这位首席运营官提升其认知能力和战略思维的宽度。

　　首席财务官可能也具有远大的抱负和足够的潜力。如果公司正经历重组，调整企业资产结构，或面临严重的财务危机，或依赖兼并收购实现持续增长，首席财务官可能是一个有力的人选，特别是当他具有良好的人际技能和担任最高职务必备的特质的时候。但是，要担任首席执行官，他必须具有领导业务单位的经验，公司需要为他提供这方面的机会历练。当然，首席财务官可能认为这样的职务调整不能发挥他的专长，但是，他必须了解这种历练的良苦用心。董事会必须清楚期望所在，密切跟踪他的每一步成长，并保持足够的耐心。不论他在现有岗位上是否创造业绩，都应该继续把他调往新的岗位接受其他历练。

　　随着时间的推移，公司内部的候选人可能减少，因为部分候选人未能进一步成长，或是因为公司的情况发生了改变，使得继任者的任职资格也随之改变。在这种情况下，董事会应该督促现任首席执行官自外部引进接班人选，并加以认真考察，或者把公司内部人选的范围扩大到低一两个层级。公司也可能需要设立新的职务为候选人提供锻炼的机会，但首席执行官和董事会必须认真考虑这样做的后果。

　　曾经有一家公司为了考察一位候选人，在他的现有职务和首席执行官职务之间设立一个新的职务，导致增加一个组织层级。

这种情形持续了两年，一些关键人员开始离开公司，引起了公司运营的困难。幸好，首席执行官及时认识到并亲自纠正了这个问题。

当候选人被调往并非自愿选择，或他们不想去的新岗位时，不论董事会还是现任首席执行官都不应该轻易对其做出承诺，但必须向他们解释这些岗位调整的重要性，以及不接受这些安排的后果。有一家公司面临困难的状况，董事会和首席执行官认为杰克具有接班的潜力，但他缺乏领导独立业务的经验，他们想进一步培养他。在加盟公司之前，杰克曾在一家咨询公司工作，并且与公司的战略部门密切合作多年，他的创造性思维、敏捷的头脑引起了公司高层的关注。当董事会例行讨论首席执行官的继任问题的时候，杰克进入了大家的视野，董事会开始考虑该如何进一步培养他。

这家公司只有两项主营业务，其中最大和最重要的业务基础薄弱。尽管该业务的领导人深受媒体的好评，担任该职务的时间也不算长，没有人想替换他，但他至今没有创造显著的经营业绩。首席执行官和人力资源部门考虑让杰克去负责这项业务的一个重要方面，杰克也觉得这工作安排不错，但他希望直接向首席执行官汇报。首席执行官知道，现任领导人不会接受这样的安排，他也不想强迫做出安排，担心失去这位领导人。因此，杰克必须直接向现任领导人汇报，首席执行官和董事会只向他保证会继续关注他的发展，此外并无其他承诺。杰克必须完成几项工作：帮助诊断业务问题，找出解决方案，处理好组织中的人际关系，而这些是他在以往的工作中从未遇到过的。最后杰克接受了这次安排，并调整自己的心态，对新的工作全力以赴。这个故事目前还在进行中，杰克仍被视为首席执行官的候选人，董事会也经常关注他的发展，并定期和他交流有关情况。

把握契合度：谁最合适

基于丰富的人才评估经验，董事会可以在正式场合和非正式场合与候选人接触，全面了解他们。例如，有些董事会在会议召开的前一天晚上，邀请年轻的高级管理人员共进晚餐，刻意营造一个轻松交流的氛围。但是，在做出接班人决策前的最后几个月，董事会必须开始缩小范围，以客观的态度做出两项最重要的评估：首席执行官的任职资格是什么？谁最适合？

随着董事会对公司形势的深入讨论，候选人的任职资格也逐渐清晰起来。董事、首席执行官和人力资源主管将会从候选名单中遴选出少数的候选人。通常在这样的讨论会议上不会出现意外的情况，不过有时也难免。例如，一位董事可能说："珍妮的经营业绩或许不是最好，但她迅速处理好了陷入困境的亚洲部门。"董事会很可能开始更加关注珍妮——尽管她的层级可能低一级，原本不在大名单之列。

此时，董事会也应该同时考虑内部和外部的候选人。大多数公司倾向从内部选拔，主要理由如下：第一，外部候选人的信息往往不充分；第二，从外部聘请首席执行官的风险很高，公司往往还得支付其较高的薪酬福利，弥补他们离开原公司的损失；第三，外来的首席执行官往往会改变公司的管理团队、经营方向和组织文化。如果这些改变不恰当，下一任领导又得再次改变它们，这将使得组织对变革产生嘲讽和困惑，甚至疲惫不堪。这种混乱局面往往导致人才流失，人心涣散。

有时候，"空降兵"也有其优点：

- 扭亏为盈，例如福特汽车公司聘用穆拉利（Alan Mullally）。
- 重塑形象，例如泰科公司（Tyco）聘用布林（Ed Breen）。
- 文化变革，例如礼来公司（Eli Lilly）聘用托比亚斯（Randy Tobias）。
- 战略转型，例如 ABB 公司聘用金乐（Fred Kindle）。

董事会必须深入了解外部候选人过去的业绩成就，才能辨别出他的能力和个性特质。同时，董事会也可以询问外部候选人对于公司的看法，并从中做出判断。如果他打算招聘一些外部人员，包括以前的同事，他可能习惯在每一个新领导岗位采用这种方式，但这种方式不一定适合你的公司。普瑞斯勒接掌 GAP 公司时，就是带着一群迪士尼前管理人员上任，而这有可能是他未能有效重振 GAP 公司的原因之一。

董事会成员以往和每位候选人的接触程度不一样，因此，他们对每位候选人的了解也不同，董事会应该汇总所有董事的观察和意见。集体坦诚交流，最有助于了解每位候选人，这种讨论应该着重听取每位董事对候选人的客观意见，并达成共识。提名委员会每次花几个小时与候选人进行面谈，这样的做法不一定能向董事会提供决策的依据。在选拔首席执行官这项最重要的决策上，明确具体是关键。董事会不能只是评论 A 候选人有丰富的经营管理经验，B 候选人有战略头脑，C 候选人善于兼并收购，D 候选人执行力强，而是必须深入了解候选人表现背后的因素。在 BCBSM，尽管提名委员会认识候选人多年，但他们仍然花很多时间准备面谈的问题，并花数天时间交换看法，以全面了解每位成员的观察与思考。

在这种讨论会中，主持人很重要，尤其是当董事会面对一个新的选拔流程时。主持人必须留意谁发言、谁未发言，想方设法让每个人发言，例如询问问题或者征求不同意见。如果有人大力推举或贬低某候选人，主持人可以要求此人举出具体事例。比如，如果某位董事说 A 候选人是优秀的战略家，主持人可以提问：“请举个例子，让我们了解他的战略能力。”

董事会应该邀请所有成员评议候选人。可以把董事会成员分成几个小组，每个小组有两三名董事，彼此交换对候选人的看法。这种非正式的小组讨论有助于促进真实意见的交流。当所有成员再度集合起来讨论时，各组可以相互比较彼此的看法。经过详尽的讨论后，董事会应该形成对每位候选人的书面评估报告，这些报告还可以包括更加广泛的内容，例如，他对公司业务的看法、如何应对压力等。这些报告详细描述候选人的领导力特质和个性特质，从中可以找出每位候选人的独特优势。

一家医保公司的董事会决定，新任首席执行官必须能够使公司每年的每股税后利润实现两位数的增长。他需要招聘与培养领导人才，使信息技术成为公司的竞争优势，重视创新与效率，甚至可能需要进行重大的组织转型，以达成上述目标。当然，董事会也希望他必须具备医保行业领导者都具备的素质，并且善于处理与众多外部利益团体的关系。董事会列出的任职资格听起来似乎不可能完全满足，因为它集中了公司未来兴盛所必要的全部条件。

当董事会把内部候选人的考察报告与任职资格条件进行比

较时，其中一位候选人脱颖而出。董事们注意到，他对公司业务和外部环境高瞻远瞩，并且表现出良好的外部关系能力，非常善于应对各种外部团体。他懂得如何达成目标，对于赚钱之道有极强的直觉。他也善于挑选人才，即使不慎选错人，也能够及时处理。他最显著的特质之一是深谋远虑，能够考虑到决策的第一、第二、第三和第四个后果。他总是寻求共识，能够果断地做出艰难的人事决策。他善于创造性思考，也坚持学习、善于学习。考察报告中虽然未特别提到技术问题，但从他的能力来看应该没有任何问题。

另一位最终落选的候选人，也有许多优点：达成目标的干劲与能力、团结协作及擅长培养人才、出色的行业专长、开放的思想。不过，她和董事会最终决定的人选之间存在着微妙、但重要的差异。她以往的记录显示，她习惯于采取渐进行动，并且错失了几次必须冒险下注的商业机会，这使得董事会认为她难以适应复杂的变化，难以切中要害。当出现困难情况时，她很可能采取保守的行动，而不是开拓进取。（中国古话曰：事到万难须放胆。）董事会如果只是看简历上的成就和依靠两个小时的面谈，不可能如此细致地洞察一位领导者的特质，但这些细节却提供了许多重要信息。

评估外部候选人比较困难，因为对他们的了解很少，只能依靠详尽面谈和向推荐人了解。这些工作非常重要，必须询问明确具体的问题，然后进行小组讨论。对于候选人的社会知名度，董事会尤其要小心明辨，不管他的知名度有多高，董事会都必须仔细调查分析。切记，就算这位领导人在其他两三家公司取得过辉煌成就，也不代表他适合管理你的公司。在一个环境下无足轻重的缺点，换一个环境，可能变成致命软肋。

一位候选人不太可能满足所有的必备条件，此时，董事会必须做出轻重权衡：哪些必备条件最重要，因此，应该选择哪一位候选人？应该选择执行力强但缺乏战略应变能力的人，还是选择战略能力出色但执行能力稍差的人？应该选择经营能力强的人，还是选择擅长应付华尔街资本市场的领导者？应该选择一位缺乏全球性业务管理经验但领导能力出色的领导者，还是选择一位具备以上所有能力但对公众意见不敏感的领导者？专业知识到底对首席执行官的成功有多重要？这类决策是对董事会智慧与判断力的最终考验。我曾经多次看见这样的董事会两难决策。对此，没有明确统一的解决方案。

帮助新任首席执行官获得成功

晋升为首席执行官对领导者来说是一个巨大的飞跃，尤其是对于那些沿着精心设计的职业发展路径的人来说，更是如此。首席执行官必须在就任后的3～6个月内掌控局面，董事会应该竭尽所能提供帮助，不管是由一位经验丰富的董事提供指导，还是对首席执行官不擅长的领域提供具体建议。董事会也应该理解，新首席执行官在建立和董事会的关系上可能面临新的挑战。虽然他接掌首席执行官时，已经认识董事会成员，但是建立与董事会密切合作的新型关系又是另一回事。

董事会必须清楚，首席执行官应该在重大事项上征求董事会的意见，但也不必唯命是听。首席执行官会很感激董事会对他的青睐，也许对其中一两位的大力举荐心怀感激，这就可能使得他让这些董事越俎代庖，妨碍自己的工作。此外，还要考虑，如果让卸任的首席执行官保留董事席位，可能产生什么影响。

在某些情况下，公司这样做自有其道理，也许是因为法律或者政府方面的问题，或者是考虑到重要的客户关系。即使如此，这样的安排也应该最多以2年为限。董事会也许对前任首席执行官比较放心，但问题的关键是新任首席执行官和董事会之间应该尽快建立起融洽的合作关系。离任首席执行官在董事会的留任往往会延长交接期，削弱新任首席执行官的威信，特别是当新任首席执行官采取的重大行动中包含调整前任的决策时，例如削减前任首席执行官热衷的计划，或者是放弃某个并购业务，这些决策都将面临严峻考验。

评估候选人的目的之一，是要找出董事会成员对每位候选人怀有的任何疑问，评估候选人在必备条件上的差距和潜在的弱点。在新任首席执行官上任后，董事会必须重点留意这些方面。这位新任首席执行官是否能控制他强烈的运营管理导向，为公司制定一个新的战略？他是否采取行动以推动必要的企业文化变革？他是否掌握了控制企业快速发展或者稳步成长的方法？董事会应该避免零散地向首席执行官提供反馈意见，可以通过公司执委会提出深思熟虑之后的建议。选出新任首席执行官后，董事会在讨论他的工作时仍然应该保持坦诚。例如，如果首席执行官工作进展缓慢，提供指导和帮助就很重要，但董事会也不能排除他们选错人的可能性。继任计划并不是一次性的，而是一套持续的流程，一旦新任首席执行官上任，董事会就必须开始下一个继任流程。

落选者的归宿

落选者的失望在所难免，他们也和新任首席执行官年龄相当、渴望登上权力的顶峰，但此生恐怕再无机会在这家公司实现自己的抱负了。他们应该如何面对？公司又该做些什么？

如果首席执行官职务有 3 名候选人（这对董事会而言是极有利的情形），董事会和离任首席执行官可能会要求新任首席执行官挽留两位落选者，有时会任命其中一人担任首席运营官，但这可能是一个错误的决定。如果这些优秀人才自愿留下来，当然很好。不过，董事会应该放手让新任首席执行官组建他的管理团队，切忌因为强迫他接受落选者而导致不必要的混乱。

不论新任首席执行官是否挽留，几乎可以肯定的是落选者将会在一两年内离开公司。他们都是猎头公司追逐的对象。所有参与者都应该清楚这种情形，只要公司有正确的领导人才培养体系，接下来几年将会产生新的首席执行官候选人。

年龄与新任首席执行官相当的优秀领导者，以及更年轻、胸怀大志但尚未做好准备，而未能在最近一次继任选拔中成为候选人者，应该仔细评估公司形势、新任首席执行官和他们自身的能力，以决定接下来采取什么行动。如果新任首席执行官将执掌公司 8 ~ 20 年，那么时间对他们不利，有些人会觉得在新任首席执行官领导下，他们的发展受限，决定另谋高就，实现他们的首席执行官之梦。当然，也有人决定留下来。首席执行官应该对两种情况做好准备，特别关心和激励那些选择留下来的优秀人才，让他们参与公司的重大决策，发挥他们的长处。

每个领导者必须做出对自己最有利的选择。新任首席执行官是否把你视为知己，让你肩负重任，获得事业成长的历练？如果你对自己的角色感到不满意，或者你认为自己被排除在核心层次之外，你可能会萌生去意。但建议你三思而后行，很多人自以为胜任首席执行官一职，其实不然。你应该谨慎评估自己的领导能力、从业经历以及过去的成就，以辨明你是否真正具备在其他公司担任首席执行官的能力。

第8章

领导人才培养最佳实践：德事隆集团

目前，只有少数公司的领导力发展流程遵循本书提出的原则，通用电气和高露洁的领导力发展流程与之最为接近。不过，越来越多的公司已经认识到它们需要完整的领导力发展流程，并且进入了不同的实施阶段，包括诺华集团、汤姆森公司、DTE能源公司（DTE Energy）、伟彭医疗保险公司、德事隆集团、宝洁公司等，它们虽然没有完全采用轮岗培养模式，但基本上都遵循其中的主要原则和方法。事实上，我设计的这个模式，部分来自于我对这些公司最佳实践的观察。我认为这些做法，在继任管理与领导人才培养方面有相当的开创性。轮岗培养模式并不要求公司必须照本宣科地模仿，最重要的是坚持其主要的原则。

我相信，有志于建立完善的领导力培养体系的公司，可以向那些已经采用这种模式的公司学习。当然，你们的努力可能会由于公司基础管理的不同而有所差异，有的公司可能由于基础好而更容易实施。但你一定会面临所有公司都会遇到的问题，有的是理念问题，有些是文化冲突，有些只是一些细节问题。

因此，本书最后一章要介绍德事隆集团的案例，看看这家公司如何应对它遇到的挑战。这些内幕来自我在该公司的亲身观察，以及和高层领导们的讨论，包括公司董事会主席、总裁兼首席执行官坎贝尔，执行副总裁、人力资源负责人巴特勒，全球领导力发展与德事隆大学执行董事卡斯米勒。这里要谈的不是行动指南，德事隆的领导力发展流程不同于高露洁、通用集团或其他任何公司，贵公司的领导力发展流程也是如此。因为你必须针对你公司的需求和文化来设计合适的领导力发展流程。德事隆集团的案例和本书其他案例一样，可以为你提供真知灼见，帮助你设计最佳的领导力发展流程。

德事隆集团的高层领导评估认为，公司已经实现预定目标的70%，最重要的是，领导人才培养的重要性已经根植于公司文化中，成为各级领导者的重要职责。执行董事长卡拉米斯勒说："他们了解培养领导人才的重要性，他们知道以身作则、为人师表是他们的职责。"行政执行副总巴特勒表示："我们的工作深入人心，在我们的领导力培养体系中，生产一线的领导人才培养和其他各个层级一样的重要。"

把领导力发展和接班人培养视为优先重点

1923年,罗伊·利托（Royal Little）创立的德事隆是一家小型纺织企业。到了20世纪50年代,德事隆已经成为世界上第一个多元化的企业集团。他们利用从纺织业务赚到的钱收购各种企业,转变为多角化经营。如今,德事隆的业务从直升机、大型飞机、武器装备,到工业用泵、高尔夫球车、草皮及铺草机等,琳琅满目。1999年,坎贝尔接任董事会主席后不久,开始彻底改造德事隆。他和董事会决定改变德事隆多元化、独立企业众多的局面,使之变成有效率的网络型公司（Networked Enterprise）,这种模式将使旗下各业务单位更加有效地利用资本、制定共同目标和流程、人才共享。实现这次转型的基础工作之一,是改变领导人才的培养方式。

"我们立志成为领先的多元化企业,拥有强大的品牌、领先的业务流程和优秀的人才队伍,"坎贝尔说,"为了实现这个抱负,公司必须有最佳的人才培养和留任机制,在全球人才竞争和市场竞争日益激烈的情况下,这项工作显得更加重要。"

在坎贝尔领导的德事隆集团开始转型前,接班人计划几乎只专注核心管理层级,包括业务单位主管、集团关键岗位和他们的直接下属。人才评估会议包括：每个业务单位每年举行有首席执行官出席的人才评估年会；执行委员会人才评估会议，人力资源部负责人也出席；公司高层领导主持的接班人计划讨论会。每位业务单位的总裁及其人力资源主管向上级汇报有潜力的领导人才的姓名和履历表、业绩表现、未来的职业发展。业务单位之间很少进行人才交流，每个单位各自保存人力资源信息，很少与其他单位分享。而且这些信息很快就显得过时了，此外接班人计划一个随机的事件，其结果是造成封闭的人才观，公司很少关注跨部门的业务锻炼。经常向公司外部寻找各级人才。

从传统的集团型企业转变为网络型企业，这意味着集团旗下所有业务单位将共享流程，采用相同的政策。集团总部制订一项共同的人才培养方案，以促进德事隆集团各业务单位的人才培养和知识转移。集团曾经要求各业务单位提供其有潜力的领导人才名单，但收效甚微。某位业务领导人可能在年度人才评估会上推荐某位潜力领导人才，但很少有其他业务单位的领导人愿意聘用他。

坎贝尔和集团高层认识到，公司未来目标的实现依赖于发现和培养各级优秀人才，而不是业务单位各自为政地进行。只有公司出台一个整体的方案，才能培养出熟悉公司多元化运营各方面工作的领导人才库。

人力资源部门提出了人才培养方案的框架，各业务领导人也提出了重要的意见，并担任项目组成员。人力资源总监巴特勒说："我们建立人才培养流程，并在企业的各个层级进行运用。"

这个流程由人力资源最高领导亲自负责，团队包括公司所有资深人力资源主管（集团公司和各业务单位）。但人力资源领导团队并非闭门造车，巴特勒说："必须让每个业务单位的人力资源部门主管认可，这些工具和流程是他们单位真正需要的。"

坎贝尔深知，任何重大的公司方案要想获得成功，首席执行官必须让全公司清楚这些是公司的工作重点并亲自推动这些工作。例如，当他要求德事隆的高层领导必须培养他们自己的下属的领导人才时，他要求领导们在评估年轻新秀过程中，要采用相同的标准，首席执行官坎贝尔说："我在某些方面获得好评，但也有人建议我在某些方面需要改进。以我自己为例来进行分析，我们的讨论就变得具体而不空洞。"

此外，由于"六西格玛"（Six Sigma）在德事隆集团转型中扮演重要的角色，所以也是其领导力发展方案的一部分。因此，当坎贝尔通过努力达到"六西格玛"绿带级水准时，全公司深受震撼，并深刻理会了其重要性。

让领导力发展和接班人培养无缝衔接

为实现德事隆集团的目标，最重要的步骤之一是使领导人才培养成为关注的一个主题，不仅在核心领导层如此，在每个业务单位的各个层级也必须如此。接班人计划不再是一个随机的年度事件，它变成一系列机制中经常讨论的主题，使得接班人培养流程环环相扣。此外，日常的经营例会，也讨论相关人才问题。这么一来，该公司就实现了领导力发展和接班人培养的无缝衔接。卡拉斯米勒说："我们要求所有职能部门和业务单位遵循流程，并为各层级的领导者提供识别和培养人才的专业知识。"

轮岗培训模式的方法之一是，希望透过讨论分析，找出每个人的领导力特征，避免预先制定一套胜任力标准。但德事隆的做法不同，集团首先制定一套胜任能力标准，让全集团的领导者能使用相同的标准讨论某人的专业技能与软技能，并评估此人领导特质。卡拉斯米勒解释："我们把胜任能力看成可见的技能与行为，这是每个人领导力的重要组成部分。制定一套胜任能力标准可以促进高效率的讨论，确认潜力领导人才的匹配程度。"

为帮助跟踪和管理大量的人事信息，德事隆最初采用微软的"ACCESS"数据库系统。但是当新的人才管理流程扩展到全公司时，数据库远远超出了这个系统的负荷，直到最近，市面上才出现了符合公司需求的软件系统。卡拉斯米勒知道，工具虽重要，但它们只是达成目的的手段，她说："工具可以帮助各级领导者有效管理短期与长期的人才培养方案，但工具仅仅是手段，我们的目标是各级领导能够有效地讨论与评估潜力人才的发展。每当这个时候，他们就不得不使用这些工具。"

在轮岗培训模式中，集体讨论是评估领导人才的重要环节。在德事隆推动新方案与流程后，这样的讨论形式也开始形成。卡拉斯米勒指出，必须经过反复练习，会谈的效果才能充分发挥，"在讨论人才时，我们必须尽可能明确地描述他们的能力和培养需求。有时候，讨论到某人，我们以为大家谈的是相同的内容，后来才发现，大家使用的是不同的参考标准。现在，我们这类交流讨论越来越清楚，大家发表的意见越来越有针对性了"。

人力资源总监引导这类谈论聚焦在人才发展上，卡拉斯米勒说："任何交流讨论都必须得到引导，领导者虽然知道要谈的是人才发展问题，但某位高阶领导的一段即席谈话可能导致讨论主题转向。因此，这类讨论会应该由主持人控制讨论的内容，聚焦于此人的领导力发展上。我们并不是讨论是否培养此人，而是讨论如何培养他。一旦公司重视人才培养发展，就会对留住人才产生重要影响。"

轮岗培训模式的重要原则之一是，培养人才是每位领导的职责，德事隆对此奉为圭臬，各级领导者考核的主要指标之一就是培养下属，"我们希望各级领导者成为好老师"，卡拉斯米勒说。

排除领导力发展的障碍

当德事隆开始转型时,组建跨业务和跨部门的团队是一项艰难的挑战,因为这要求业务部门与职能部门的领导人改变思维模式,把整个集团而不是本部门的利益放在优先考虑的位置。卡拉斯米勒举例解释:"如果人们认为人才交流将对他们不利——例如,损失某位优秀人才,或者是接受集团指派的一位不太可能成功的领导人,他们自然不乐意这么做。"

不过,许多人才交流并获得成功的例子让大家变得逐渐接受这种方式。卡拉斯米勒说:"我们在很短的期间内取得显著进展。现在,跨部门团队负责推动每项重要工作,这促成了网络文化。大家开始和集团各部门人员往来交流,这种改变带来的好处已经显现,领导们不再怀疑人才交流的必要性。"

职务调动是领导者获得不同的成长经历的必要条件。德事隆集团历史悠久、观念传统,集团必须说服各业务单位忍痛割爱,为其他部门贡献优秀人才,同时让出部分重要岗位给有潜力的领导人才,并应付各业务单位的薪资福利不同等其他相关问题。

卡拉斯米勒指出:"通过职务调动来培养领导人才,有时候需要创意,以确保薪资福利的差异不会变成障碍。我们负责薪酬

第8章·领导人才培养最佳实践：德事隆集团

的团队需要不断评估最佳实践，设法找到解决方案。例如，劳动力市场持续变化、各地区的劳动力市场情况不同等，都是潜在的阻碍。在这方面，我们已经获得突破。举例来说，退休津贴原本是个问题，但现在我们采用了全集团一致的根据薪资水平的医疗保健方案。此外，从2007年起，我们将采用统一的退休方案。"

鼓励职务调动的方法之一，是采取包含每个业务部门和职能部门的职务空缺公告制度（Job-posting System）。卡拉斯米勒表示，员工可以直接看到这些信息，为自己的职业发展负责，"当人们知道自己可以从一个岗位调动到另一个岗位时，他们就会更加愿意加入并留在公司"，他说。

集团也引入"六西格玛"项目来促进人才培养。培训学员来自各个单位，当有潜力领导人才通过努力成为"黑带"级高手后，他们便可以自由调动，发挥他们的专长，并在不同环境下磨炼他们的技能。潜力领导人才和他们的推荐人都非常期待这个结果，卡拉斯米勒说："大多数黑带高手会在别的业务单位或部门工作2年，当人们在看到他们在其他单位深受重用时，就会确信，公司愿意聘用有潜力和适应能力的人，他们可以为业务单位或职能部门创造价值。"

职务调整机动性的提高，使得公司受益匪浅。例如，德事隆旗下一个总部位于美国中西部的业务单位，已俨然成为公司其他单位和职能部门领导人才的重要来源。同时，由于这个业务单位善于培养领导人才，并支持他们到德事隆集团其他部门发展，该业务单位吸引和留住人才的能力也显著提高。另一个由几个小业务组成的单位则因为可以提供在美国环境外的历练机会，吸引了来自集团其他业务和职能部门的领导人才。

同样重要的是校园招聘的效果也大为改观。虽然德事隆集团在一流商学院还算不上知名品牌，但其招聘团队现在大力强调全集团的职务调整弹性，因而获得了更多一流商学院毕业生的青睐。

未来的工作

如前所述，德事隆认为已经向理想的境界迈出了 70%，公司已经取得了诸多具体成果。现在，集团有将近 3/4 的高级管理人员都是公司内部提拔，明显高于 2001 年时的 1/10。公司的 170 位高级经理，每一位都有两名内部接班人选。那么，剩下的 30% 工作是什么呢？

大多数领导者仍然只能在有职务空缺时，才有机会获得调动，集团并没有为了考验和提升他们的领导才能而专门设计岗位。"我们今后将考虑更大范围、更有创意的人才培养，为高潜力人才的成长创造短期职务，只要我们继续强化全员育人的观念，我们就能做得更好。有位业务领导人说理想的状态是，我们单位可以为某位领导人才提供锻炼机会，或者说我知道谁需要我这个岗位的锻炼机会，因此，我将腾出这个岗位给他。"

目前德事隆仍在努力改进领导人才的识别和评估流程，卡拉斯米勒说："我们必须努力改善，尽早发现潜力领导人才，并评估他们的培养工作，我们需要更加积极主动和多元化地互动。"他也强调："每个人必须为本身的职业发展负起责任，他们必须知道，成功在于自己，要掌握自己发展的机会。"卡拉斯米勒还指出另一项尚待努力的工作——把人才培养的各个环节统一整合起来，包括人才招聘、职务升迁、绩效管理、教育培训和继任规划等。

不过，集团也很清楚不能冒进。卡拉斯米勒表示："我们正在有机成长中，因此我们必须以组织能够吸收消化的速度来发展，并为后续工作做好准备。"

坎贝尔对公司走在正确的轨道上胸有成竹，他说："当整体方案得以全面实施，我们将非常从容地从公司内部培养领导者，我期望未来90%的管理人才都是出自公司内部。如果我们培养人才的速度足够快，优秀人才的流失率将会大大减少，我们培养出的人才的数量将超过我们能够提拔的人数。当然，我们也会流失一些人才，但随着我们在人才培养方面的声名鹊起，我们将会更容易招聘和留住人才。当人们听到我们在企业转型、客户满意、员工培养等方面取得突破时，德事隆将会成为最有吸引力的公司之一。"

对于你的公司，你有这样的梦想与行动吗？

结语

有领导潜质的人才该如何把握机遇

有领导潜力的人才能够也应该抓住轮岗培养模式带来的机会，如果公司没有这种模式，也应该掌握自己职业发展的主动权，那些志存高远的潜力领导人才，不应该总是抱怨怀才不遇，而应该主动创造机会，掌握自己的命运。

机遇总是垂青有准备的人，领导者可以通过预测和判断来捕捉机会，他应该展望未来，反思自己有何专长，以及是否得以充分施展，如果没有，他就应该寻找能够施展才华的新舞台。他应该坚持不懈，等待机遇来临的时刻，这就是幸运。

在你的整个职业生涯中，这种准备包括三个方面：首先，你必须清楚认识自己的潜能；其次，你需要想方设法开发自己的潜能；最后，你需要警惕潜能开发过程中可能出现的误入歧途。

认知自己的潜能，需要深刻反省和最大的真诚。随着职务的升迁，专业技能的重要性将会下降，领导能力将变得越来越重要。因此，专业技能虽然是立身之本，但它不是你担任领导职务的关键。询问每一位首席财务官，他都可以告诉你在税收政策和会计准则领域的不断变化，他手下的会计师比他强得多，优秀的首席财务官凭借对财务职能的深刻理解，知道每位下属应该做什么，并且让他们工作有效。

你可以采用最优秀公司的领导力评价标准来评估自己，特别是你的商业头脑和人际技能。如果你天生亲和力强，特别是你能够激发他人的潜能，促成共同目标的达成。那么你可能是有潜力的领导人才。继续拓宽你的人脉，勇敢地走出舒适区，让自己置身于需要建立人脉和领导团队的艰难环境中。当你有机会参与人才选拔时，反省你对人才的判断力，针对必须团结合作才能完成工作的团队，练习、判断和解决他们的动力问题。

你必须有宏观视野，如果你能够想出在竞争中领先的新方法，就表明你思路开阔，如果你制定的目标高于领导的预期，表明你能看出潜在的机会，如果你认为自己能够在许多变量构成的复杂形势中洞若观火，那就不要等待、主动汇报。你应该向那些关注你的人请教（例如你的上级），看看有哪些方面需要改进。例如，你是否忽略了某个关键因素？你是否忽略了另一个可行的方案。更重要的是成为一个业务部门的全面负责人。

一旦你了解自己的潜能,接下来的问题是:如何进一步开发?毫无疑问,你需要一个又快又好的能够开发自己潜能的环境。假如,你是一个职场新人,在学校时,你就已经表现出优秀的领导才能。也许是在体育方面、童子军活动或学校组织,你知道自己渴望学习与成长。那么你应该加入什么样的公司呢?显然,你应该加盟一家能够帮助你尽快发挥领导潜质的公司,该公司看重你,给予真诚的反馈意见,提供锻炼的机会,把你作为培养对象。有了此标准,这就可以排除哪些不适合的公司,如果你刚刚从排名前20的学校毕业,又想成为领导者,请问,你会加入美国汽车行业吗?

如果我们从积极的角度来思考,一位有领导潜质的人才,也许会有勇气与胆识这样想,进入一家债券评级很差、媒体评价负面的公司这也许是一个难得的机会。我愿意加入并改变它。也许你可以做到这一点,但是如果这家公司并不重视尽早发现有领导潜质的人才,也不愿意为年轻人提供锻炼机会,使你快速升迁,你肯定会非常失望。如果你对希望加盟的公司的文化存在顾虑,你应该打电话向朋友或者校友了解这家公司的有关情况。这是一家保守型还是进取型的公司。员工能否快速升迁到重要岗位,还是必须按部就班的升迁?你应该持之以恒的寻找能够发挥你的天赋才能的工作,如果现在的工作无法施展你的才华,你应该当机立断，继续寻找。金德勒早年在政法界工作，曾经担任联邦最高法院大法官布伦南的书记，维康律师事务所合伙人。转换行业至商界的第一份工作是通用集团的诉讼与法务部门的副总裁。后来，他离开通用电气，担任麦当劳公司执行副总裁兼总法律顾问。继而转任麦当劳旗下某品牌总裁，掌管的事业包括多家知名的连锁餐厅，例如，波士顿炸鸡、墨西哥卷饼连锁店、Preta Manager。金德勒在 2002 年受聘于全球最大的制药商辉瑞公司担任执行副总裁兼总法律顾问，2005 年被任命为董事会副主席，2006 年成为首席执行官兼董事会主席，他不仅有能力，也坚持不懈地超越自己的专长领域（律师），成为有成就又能干的最高领导人。

在职业发展过程中，你必须能够防止自己误入歧途，有一位领导者，她善于识别商业机会，并尽快地推出新产品。但是，她坚持的成本控制策略，使她屡屡受挫，她越是坚持，越是受挫。她没有机会发挥在机会识别能力方面的优势。影响你发挥潜能的上级或者公司都会阻碍你的成长。为了避免长久的影响你的职业发展，你必须倾听自己内心的声音，你应该扪心自问：我是否敢于接受考验、把潜力发挥到极致，听取各方面的意见，完善我的首席执行官 DNA，提拔、奖金与表扬和领导力的实际发展，不一定有必然联系，千万不要像许多人那样，把它们简单的混为一谈。如果没有足够的发展空间，才能得不到施展，你内心的声音自然会告诉你，这时，你必须勇敢地改变自己的处境。你也必须清楚组织的文化是否合适。例如，有些公司强调他们的共治文化。这种文化有其优点，但是，这往往意味着缺乏决断力。由于决策必须达成一致，所以，谁也不愿得罪人，但和气的表面下蕴藏着冲突和矛盾，一个决策制定后，常常又被推翻，难以执行。行为果断的领导者往往对这种情况感到失望，如果你身处这样的文化之中，你也会有同感。在这种公司，你也许有条件发展，但是，你能充分发挥自己的潜力吗？

与之对应的是挑战进取型文化，上级喜欢激烈的争辩，还美其名曰"坦率交流"，讨论往往变成人身攻击和内部争斗。嗓门越大，似乎理由越充分，在这种情况下做出的决策往往是错误的。你也不太可能改变这种文化，也不可能在这样的环境中取得成功，你必须离开。即使你找到了理想的公司，你也必须时刻警惕自己的自恋情结，我认识很多自称谦虚的领导者，这往往是表象，他们的谦虚往往是表面的。大多数有潜力的领导人才都有自恋情结，他们以"工作狂"和精明的评价为自豪。在追求成功的道路上，他们有时候自不量力，接着，投机取巧、走极端，为达目的不择手段。你应该经常反省"我赢得了别人的信任吗？我的诚信是否受到质疑？"如果别人对你的信任降低，或者你诚信的名誉受到损害，那么你的领导力发展将面临严重挑战。

　　有些读者可能发现，在某些方面他们不得不面对现实，尽管他们立志成为领导者。但实际上，他们并不具备成为领导者的潜质，他们的冲动天性和气质并不适合成为领导者，或者是他们缺乏成为领导者的头脑。在现代企业中担任高层管理职务，抱负和干劲是绝对的必要条件，但不是充分条件。如果缺乏成为高层领导的才能，抱负和干劲反而带来负面影响。有可能需要经受一些考验，并且显示出冷静残酷的诚实，才能判断自己是否真的适合从事领导工作。如果适合是哪一类的领导角色，或者是你的天赋适合担任各种领导职务。切记，领导是一种工作，而不是荣誉，重要的是当你发现自己有领导的天赋时，你就应该采用轮岗培养模式来管理自己的职业发展，并且进入一家能帮助你成长的公司。

附录

轮岗培养模式的重要基石：个人层面与公司层面

对个人而言

基石之一

个人的领导力成长与发展来自历练，加上长期观察他的人及时提供的精心反馈。通过持续认真地提高其中一两项关键事项，从而提升个人整体能力——从中找到做好这些事情的最佳方法。

这些事项分为三类：改正缺点、提高效率、拓展能力。

效率是指一个人在单位时间内完成的工作量。这表示他在相同时间内可以做更多的事。能力是指一个人做事的质量，拓展能力使他能够做更多有价值的事情。

基石之二

领导人才需要上级领导对他们做出敏锐的观察,并从与这些潜力领导人才互动的其他人那里获得更多的观察。上级领导必须从这些观察中找出潜力领导人才必须努力提高的那一两项事项。大多数领导人才往往需要克服弱点、形成领导风格、完善个人特质或者所有这几个方面,这可能会影响效率的提高和能力的提升,对此,必须谨慎。轮岗培养模式就是建立在准确识别能够帮助领导人才快速提升效率和其他能力的特定项目上。

领导人才必须清楚,最有效的成长途径是扩大同心圆学习,这指的是他们担任的每一份新职务必须能够使他们在更复杂、更不确定、更快速的情况下拓展他们的核心技能,并强化它们。这些历练也会增强个人特质,例如,勇敢、冒险、远见。

基石之三

有志成为首席执行官或者高层领导的年轻领导人才,应该计划在45～50岁达到这个目标。假设他在20多岁时立下大志,并努力奋斗,他也将只有20～25年的时间,因此,每一步都必须深思熟虑,每一步都必须脚踏实地。如果没有深厚扎实的历练,爬得越高,跌得越重。你在每一个岗位取得的成功都必须是清晰可见的，这让公司上下和你的继任者在你离开现有职务后能够看出你的贡献和功绩。你的领导能力是个人经历和历练的结果，你应该使自己将来回首往事时感到骄傲和自豪。

基石之四

一位领导人才如果不能培养出优秀的未来接班人，就没有资格称为优秀领导人才。你的上级领导不见得是这样的领导人才，但你自己必须坚持不懈、努力奋斗——你越努力，能力提升越快（一分耕耘，一分收获）。

基石之五

你有个人发展规划，使你有计划、有步骤地发展自己的各项能力吗？以下事项供你参考：

- 我每年和我的上级领导约谈五六次。
- 我向三位同事和其他可能向我提供反馈意见的人（例如，每当我在公司外完成一场演讲后）征求意见和建议。
- 我会主动创造机会，而不是被动地等待机会。例如，我争取参加非本专业的任务小组。
- 如果我的上级领导或公司不提供给我成长所需的精心反馈和历练机会，我将选择别的公司谋求发展。

就公司而言

基石之一

任何想在未来竞争中获胜的公司都必须认识到，公司的最终竞争优势在于有深厚的领导人才库，每个层级的领导人才都能够关注外部环境变化，并且能够调整和适应这些变化的速度与强度。

基石之二

公司必须要求每位现任领导人才把识别和培养领导人才作为其重要职责之一，所有领导人才的绩效考核都应该包含领导人才的培养，并严格赏罚。每位领导人才也应该采用公开职务空缺信息的制度，让有抱负的领导人才能够掌握并获得历练机会。

基石之三

每位上级领导应该投入20%~25%的时间观察有领导潜质的人才，及时提供准确的反馈意见与指导，敏锐的识别领导人才需要发展的一两项事项（不要超过两项），并且了解如何才能尽快提升这位领导人才的效率和能力。

基石之四

公司必须制定严格规范的领导人才发展流程，就像公司的财务制度流程一样。

基石之五

每家公司都想任人唯贤、人尽其才，但在公司传统的做法中，领导人才发展流程是以职务为导向，在职位空缺时，才考虑谁适合担任该职务。轮岗培养模式的理念恰好相反，它是以领导力发展为导向，考虑的是这位领导人才适合担任什么样的职务，这种制度实施中最难的是把最大精力放在领导人才发展上，把他安排在合适的职务上——不论是现有职务还是专门设立的新职务。

基石之六

领导力难以在课堂上学会。但是，教育培训——课堂练习、大量阅读、相互切磋等，却可以加速领导人才的成长。

拉姆·查兰管理经典

书号	书名	定价
47778	引领转型	49.00
48815	开启转型	49.00
50546	求胜于未知	45.00
52444	客户说：如何真正为客户创造价值	39.00
54367	持续增长:企业持续盈利的10大法宝	45.00
54398	CEO说：人人都应该像企业家一样思考（精装版）	39.00
54400	人才管理大师：卓越领导者先培养人再考虑业绩（精装版）	49.00
54402	卓有成效的领导者：8项核心技能帮你从优秀到卓越（精装版）	49.00
54433	领导梯队：全面打造领导力驱动型公司（原书第2版）（珍藏版）	49.00
54435	高管路径：卓越领导者的成长模式（精装版）	39.00
54495	执行：如何完成任务的学问（珍藏版）	49.00
54506	游戏颠覆者：如何用创新驱动收入和利润增长（精装版）	49.00
59231	高潜：个人加速成长与组织人才培养的大师智慧	49.00